D1697660

Milenko Vlajkov
DIE ATOSMETHODE
Psychologie des Ausgleichs

Lektorat
Brigitte Eith

Herstellung
Franjo Kiš

Umschlag
MLW, Mannheim

Druck
TISKARNA OPTIMA, Ljubljana

Die Deutsche Bibliothek - CIP-Einheitsaufnahme

Vlajkov, Milenko:
Die Atosmethode. Psychologie des Ausgleichs
Stuttgart : Kognitives Management Verlag, 2000
Literatur, Index

ISBN 3-934809-00-6

Kognitives Management Verlag Stuttgart
Eberhardstr. 4a
70173 Stuttgart

M<small>ILENKO</small> V<small>LAJKOV</small>

DIE ATOSMETHODE

Psychologie des Ausgleichs

Kognitives Management Verlag Stuttgart

INHALTSVERZEICHNIS

VORWORT

DIESES Buch ist im Laufe der letzten 10 Jahre entstanden und stellt einen neuen Ansatz über die menschliche Natur dar. Die Grundidee meines neuen Ansatzes basiert auf einem Zauberwort, nämlich dem Ausgleich. Bezogen auf die menschliche Natur versteht man unter dem Begriff "Ausgleich" meistens das Verhältnis zwischen zwei Polaritäten, wie z. B. Streß und Entspannung. Wer davon ausgeht, daß der Ausgleich durch Streßabbau zu erreichen ist, versucht, sich zu entspannen. Wer aber schon entspannt ist, versucht nicht, den Ausgleich durch Streß zu erreichen. Diese Erkenntnis hat mich dazu gebracht, die Entspannung als Weg zum Ausgleich anzuzweifeln. Als Ergebnis meiner Suche nach den richtigen Wegen zum Ausgleich entstand dieses Werk.

Im ersten Teil des Buches habe ich mich mit den Entspannungsmethoden auseinandergesetzt. Vielleicht entsteht beim Lesen der Eindruck, daß ich eine negative Einstellung gegenüber den Entspannungsmethoden habe; – doch das ist nicht der Fall. Ich selbst habe die Entspannungsmethoden mehrere Jahre therapeutisch angewandt und setze mich auch heute noch dafür ein, daß diesen Methoden der richtige Platz in der Therapie und Gesundheitspsychologie eingeräumt wird.

Da die Entspannungsmethoden oft als universelles Mittel zum Wohlbefinden des Menschen eingesetzt werden, habe ich mich in diesem Buch primär mit den Schwächen dieser Methoden und weniger mit ihren Vorteilen beschäftigt.

Durch die Analyse meiner eigenen Arbeit kam ich zur Einsicht, daß die Entspannung als alleiniger Weg dem Zeitgeist des Jahrtausendwechsels nicht mehr entspricht, und daß die Zeit für ein neues Paradigma reif ist. In der Geschichte der Wissenschaft ist es meistens auch so gewesen: eine Theorie, Therapie oder Methode wurde zuerst verbessert und dann, irgendwann, durch eine neue ersetzt. Die Ausgleichsmethode ist eine Neuheit, durch welche die Entspannungsmethoden ersetzt werden können.

Im zweiten Teil des Buches sind die Ausgleichsprinzipien beschrieben; auf diesen Prinzipien kann der Ansatz eines Therapeuten, eines Unternehmensberaters oder eines Coachs basieren.

Im dritten Teil des Buches sind die Wirkungen der Atosmethode beschrieben sowie eine Übung, die den Ausgleich bewirkt. Im letzten Kapitel finden Sie die Antwort auf die Frage, wie man den Ausgleich im Körper und Bewußtsein durch den Alltag konditionieren kann.

Vor der Veröffentlichung haben einige meiner Freunde dieses Buch gelesen und mir durch Kommentare und Fragen geholfen, den Inhalt von einem anderen Standpunkt aus zu betrachten. Hilfreiche Anregungen kamen auch immer wieder von meinen Studenten sowie von Teilnehmern meiner Seminare. Der Platz reicht leider nicht aus, sie alle in diesem Vorwort zu erwähnen.

Wer mich aber auf dem gesamten Weg – von dem ersten Gedanken bis zum letzten Wort – begleitet, in Augenblicken des Zweifels mit viel Geduld unterstützt und mit mir Tage und Nächte über die

Ausgleichstheorie und ihre Anwendungsmöglichkeiten diskutiert hat, ist meine Frau Simona. Durch ihren unermüdlichen Einsatz und ihre konstruktive Mitarbeit hat sie mir ermöglicht, dieses Buch zu beenden. Ihr gilt mein besonderer Dank.

Weiter möchte ich mich bei meinen Freunden Ernst und Ute Koerner bedanken, die mir – vom Standpunkt des neutralen Lesers – viele nützliche Anregungen gegeben haben. Sie berichteten, daß sie dieses Buch geradezu als spannend empfunden hätten, obwohl sie einige Teile wegen ihrer Komplexität sehr aufmerksam hätten lesen müssen. Da ich ähnliche Meinungen auch von anderen Lesern bekommen habe, möchte ich empfehlen, die komplexen Passagen des Buches langsam und konzentriert zu lesen, weil ihr Verständnis Voraussetzung für die darauffolgenden Teile ist.

Da ich zum ersten Mal ein Buch in deutscher Sprache geschrieben habe, bedanke ich mich bei Renate Hue-Cerino, Brigitte Eith und Adolf Amthauer für die Hilfe in sprachlich-stilistischen Belangen.

Meinem Freund Franjo Kis möchte ich für den außerordentlichen Einsatz beim Design und der Veröffentlichung des Buches danken.

Obwohl ich vielfältige Hilfe erfahren habe, möchte ich am Ende dieses Vorwortes ausdrücklich betonen, daß ich für den Inhalt des Buches alleine zuständig und damit verantwortlich bin.

Stuttgart, 19. November 1999   M. VLAJKOV

TEIL **1**

GRUNDLAGEN

KAPITEL 1

KURZE GESCHICHTE
DER ATOSMETHODE

DIE erste Quelle der Atosmethode waren die Entspannungsmethoden, mit denen ich schon als Teenager meine Erfahrungen gemacht habe: Autogenes Training und Autosuggestion nach Coue habe ich aus Büchern, Hypnose von einem Schauhypnotiseur gelernt. Alle drei Techniken habe ich selbst über 10 Jahre hinweg praktiziert und gelegentlich auch meinen Freunden empfohlen, wenn sie ihre emotionalen Probleme mit mir besprochen haben.

Von 1979 bis 1989 arbeitete ich an einer Klinik. Meine Arbeit bestand darin, Patienten im Alter zwischen 18 und 70 Jahren zu untersuchen und zu behandeln. Probleme, mit denen ich mich häufig auseinandersetzen mußte, waren Depressionen, Ängste, Zwangsstörungen, Panikattacken, Kindererziehungs-, Beziehungs- und Kommunikationsprobleme. Als therapeutisches Mittel setzte ich oft die Entspannungsmethoden ein.

Schon 1980 wurde mir klar, daß ich einigen meiner Patienten mit Entspannungsmethoden nicht helfen konnte. Obwohl ich persönlich zu diesen Methoden ein sehr großes Vertrauen hatte, sah ich mit der Zeit ein, daß man sie weiterentwickeln sollte, um sie für mehr Menschen als bisher geeignet zu machen.

Dies war der Anlaß für eine intensive Auseinandersetzung mit den Entspannungsmethoden.

Suggestion als Entspannungsmittel

Von den Entspannungsmethoden setzte ich in der Praxis Hypnose, Autogenes Training und Progressive Muskelentspannung ein. Sehr bald beobachtete ich bei verschiedenen Patienten ganz unterschiedliche Ergebnisse: Während die meisten sich durch Autogenes Training oder Progressive Muskelentspannung wirklich entspannten, wurden andere ängstlich, unruhig oder sogar verspannt. Nachdem ich mir dessen bewußt wurde, wollte ich überprüfen, ob Suggestionen immer eine so unterschiedliche Wirkung auf die Testperson haben.

Ich bat meine Freunde und Bekannten, sich einen grünen Stern vorzustellen oder sich zu verbieten, in den nächsten fünf Minuten an kleine weiße Elefanten zu denken. Manchen gelang es, meinen Anweisungen zu folgen, anderen jedoch nicht. Sie konnten sich weder einen Stern noch die Farbe Grün vorstellen. Einige hatten eine vage Vorstellung, bei anderen tauchten verschiedene Gedanken auf, ohne daß sie dabei bildhafte Vorstellungen hatten, und bei denjenigen, die sich eine Vorstellung machen konnten, dauerte diese meistens nur ein paar Sekunden und wurde dann durch andere Bilder ersetzt.

Probieren Sie es selbst mit kleinen weißen Elefanten. Nehmen Sie sich Zeit, setzen Sie sich bequem in ihren Lieblingssessel, schließen Sie die Augen, und denken Sie in den nächsten fünf Minuten keinesfalls an kleine weiße Elefanten! Merken Sie sich genau, es ist verboten, in den nächsten fünf Minuten an kleine weiße Elefanten zu denken!

Falls Sie das Experiment gemacht haben, wissen Sie, daß Sie meistens nur daran gedacht haben, daß es verboten war, an kleine weiße Elefanten zu denken!

Dem berühmten Therapeuten V. Frankl haben wir den Begriff "Paradoxe Intention" zu verdanken. Die paradoxe Intention besteht darin, sich von einem unangenehmen Gefühl dadurch zu befreien, daß man versucht, dieses Gefühl zu verstärken. Obwohl nicht alle Menschen so auf Suggestionen reagieren, wie V. Frankl angenommen hat, benutzte er die Neigung des Menschen, gerade das zu tun, was ihm verboten wurde, als eines der wirksamsten therapeutischen Mittel.

Folgende Geschichte illustriert den Hauptgedanken der paradoxen Intention:

Aggressive Stimmung

Ein Zen-Mönch kam zu Meister Bankei und bat ihn um Belehrung.

Er sagte: Ich bin so oft aggressiver Stimmung. Wie kann ich mich davon befreien?

Du hast da etwas sehr Seltsames, antwortete Bankei. Lasse es mich sehen.

Jetzt im Augenblick kann ich es Euch nicht zeigen, sagte der Mönch. Ich bin jetzt ganz anderer Stimmung.

Wann kannst du mir denn deinen Zorn zeigen, fragte Bankei.

Er kommt ganz unerwartet, sagte der Schüler.

Dann kann er nicht deine wahre Natur sein, erwiderte Bankei.
Denn dann könntest du mir deinen Zorn jederzeit zeigen. Denke darüber nach.

Daß der Mönch der Aufforderung, zornig zu werden, nicht folgen konnte, zeigt, daß die Paradoxe Intention, ohne so genannt zu werden, schon den Zen-Meistern bekannt war und daß sie diese zur Schulung des Bewußtseins einsetzen.

Wenn jemand Platzangst hat, verlangt der Therapeut, der die paradoxe Intention als therapeutisches Mittel einsetzen möchte, von ihm, daß er diese Angst in der therapeutischen Situation zeigt und sie noch steigert. Dem Patienten gelingt es jedoch kaum, sich in einen ängstlichen Zustand zu versetzen, geschweige denn, die Angst zu verstärken und in Panik zu geraten. Das war für mich ein Hinweis darauf, daß auch Suggestion als therapeutisches Mittel unzuverlässig sein kann.

Direkte und indirekte Suggestion

Suggestion kann auf direkte oder indirekte Art ausgeübt werden, und dementsprechend unterscheidet man zwischen direkter und indirekter Suggestion.

Die direkte Suggestion besteht darin, daß der Therapeut dem Patienten genau das suggeriert, was der Patient bei sich selbst verändern möchte. Hat der Patient z. B. beschlossen, das Rauchen aufzugeben, kann der Therapeut während einer Hypnose-Sitzung die direkte Suggestion bei dem Patienten auf folgende Art und Weise einsetzen:

"Beobachten Sie bitte meine Augen, ohne dabei zu blinzeln. Sie werden bald merken, daß Ihre Augenlider schwer
werden und daß Sie Ihre Augen nur mit Schwierigkeiten offen-
halten können. Ihre Arme und Beine werden allmählich schwer...
Auch Ihre Augenlider werden schwer, und Sie sind überrascht,
daß Sie diese Schwere so angenehm empfinden, als wollten Sie
einschlafen... Ihre Arme und Beine sind schwer und werden
immer schwerer und schwerer... Sie fühlen sich so schläfrig,
daß Ihre Augen sich von allein schließen...

Während Sie immer tiefer in die Hypnose hineingehen, öff-
net sich das große Tor Ihres Unterbewußtseins, und alles, was
ich Ihnen sage, prägt sich Ihrem Unterbewußtsein tief ein und
stärkt Ihren Willen und Ihre Entschlossenheit, mit dem Rauchen
aufzuhören."

Der Nachteil der direkten Suggestion besteht darin, daß sie
die entgegengesetzte Reaktion bei der zu hypnotisierenden Person hervorrufen kann.

Bei der indirekten Suggestion deutet der Therapeut dem Patienten durch bestimmte Wörter oder Ausdrücke an, was er erreichen möchte (Wenn Sie merken, daß Ihre Augen brennen,
werden Sie zu blinzeln beginnen – der Therapeut setzt voraus,
daß die Augen zu brennen beginnen werden). Ein Beispiel für
die indirekte Suggestion bei einer Einführung in die Hypnose
ist das Folgende:

T: In diesem Raum haben wir mehrere angenehme Plätze.
Wo glauben Sie, am leichtesten eine tiefe Trance erreichen zu
können. (Es ist selbstverständlich, daß der Patient eine tiefe Tran-
ce erreichen wird!)
P: Ich bleibe hier, wo ich bin.
T: Wollen Sie langsam oder schnell in die Hypnose gehen?
P: Schnell.

T: Schließen Sie bitte ihre Augen und sagen Sie mir, zu wieviel Prozent Sie schon in Trance sind?

P: 40 %.

T: Haben Sie schon bemerkt, daß Sie schläfrig geworden sind und daß Sie sich am liebsten hinlegen und entspannen würden? (Der Therapeut setzt voraus, daß der Patient sich hinlegen und entspannen will!)

usw.

Die indirekte Suggestion hat eine viel "elegantere" Wirkung, weil der Patient glaubt, die Hypnose geschehe spontan und er könne sich so in Trance versetzen, wie er es wolle. Eine indirekte Suggestion kann beim Patienten verschiedene Assoziationen auslösen, die dann im allgemeinen auch den Erfolg der Therapie bestimmen, wie das Beispiel mit der Dame, die nicht schlafen konnte, zeigt.

Eine Dame, die nicht schlafen konnte

Einmal hatte ich als Patientin eine ältere Dame, die an Schlaflosigkeit litt. Meine Frage, ob sie schon versucht habe, aufzustehen, sobald sie wach werde, statt sich im Bett zu wälzen, in der Hoffnung, wieder einschlafen zu können, beantwortete sie mit "Nein". Mein Gedanke dabei war, daß sie den eingefahrenen Automatismus unterbrechen und das alte Muster durch ein neues Verhalten abbauen sollte. Nach einigen Wochen kam sie wieder zu mir und erzählte, daß sie kein einziges Mal aufgestanden sei, als sie wach geworden war. Sie sagte, sie habe meine Frage als indirekte Anweisung verstanden, im Bett zu bleiben, bis sie eingeschlafen sei.

Glücklicherweise hat sich ihre Schlaflosigkeit in der Zwischenzeit gegeben, was ich wahrscheinlich eher meiner therapeutischen Autorität zuzuschreiben habe als der falsch verstandenen indirekten Suggestion.

Die Wirkung der Suggestion hängt von drei Faktoren ab:

1. Sensibilität für Suggestion
2. Vorstellungsfähigkeit des Patienten
3. Vertrauen des Patienten zu seinem Therapeuten

Im Laufe meiner therapeutischen Tätigkeit habe ich mich mit diesen drei Faktoren immer wieder auseinandergesetzt. Das Ergebnis dieses Prozesses ist die Atosmethode. Bevor ich die Atosmethode vorstelle, möchte ich detaillierter auf die genannten Faktoren eingehen.

Sensibilität für Suggestion

Wenn eine therapeutische Methode auf der Grundlage von Suggestion entwickelt wird, weiß man sehr selten, wie sich diese Methode beim Patienten auswirkt. Theoretisch gibt es vier Möglichkeiten:

1. Suggestionen erzeugen genau das, was suggeriert wurde.
2. Suggestionen bewirken das Gegenteil.
3. Suggestionen haben keine Wirkung
4. Suggestionen erzeugen etwas, was mit dem Inhalt der Suggestion nichts zu tun hat.

Beim Einsatz von Autogenem Training in meiner Praxis beobachtete ich, daß man nur in wenigen Fällen voraussagen kann, ob die gewünschte Wirkung eintritt. Bei ungefähr 30 % aller Menschen können erfahrene Therapeuten Suggestionen erfolgreich einsetzen. Dieser Prozentsatz entspricht dem für die Hypnose sensiblen Teil der Bevölkerung. Wenn es da einen Zusammenhang gäbe, sagte ich mir, wäre es besser, bei diesen 30 % der

Bevölkerung, statt des Autogenen Trainings gleich die Hypnose zur Behandlung der körperlichen und seelischen Störungen anzuwenden.

Vorstellungsfähigkeit

Anfänglich glaubte ich, daß Autogenes Training durch die Suggestionen zuverlässig ist. Als ich mich mit der Analyse meiner therapeutischen Arbeit intensiver beschäftigt hatte, erkannte ich, daß die Vorstellungsfähigkeit der betreffenden Personen eine große Rolle für die beim Autogenen Training erzielte Wirkung spielte.

Die Vorstellungsfähigkeit kann bis zu einem gewissen Grad eingeübt werden, sie ähnelt jedoch der Intelligenz, die als Potential angeboren ist. Wenn jemand nur einen bescheidenen IQ hat, kann er seine Intelligenzleistung bis zu einem gewissen Grad durch ein geeignetes Programm erhöhen, dem gegenwärtigen Wissensstand zufolge aber nicht über die ererbten Grenzen hinaus (Sternberg, Eysenk).

Bei der Arbeit mit Autogenem Training sollten die Teilnehmer und Patienten sich bestimmte Körperempfindungen wie Schwere und Wärme vorstellen. Nachdem ich die Ergebnisse systematisch gesammelt und analysiert hatte, fand ich heraus, daß die Teilnehmer auf meine Anweisungen ganz unterschiedlich reagiert hatten. Es ergab sich Folgendes:

Oft konnten sich die Teilnehmer keine klare Vorstellung von den gewünschten Empfindungen machen.

Wenn sie sich eine Vorstellung machen konnten, verschwand diese schnell wieder.

Die Vorstellung konnte, genauso wie die Suggestion, eine von vier möglichen Wirkungen hervorrufen, nämlich

1. entweder die Verwirklichung der vorgestellten Empfindung
2. oder das Gegenteil
3. oder keine Veränderung der Körperempfindung
4. oder etwas, was mit dem Inhalt der Aufgabe in keinem erkennbaren Zusammenhang stand.

Damit hatte ich als Ergebnis, daß der Erfolg der Suggestion nicht nur von der Sensibilität für Suggestion abhängt, sondern auch von der Vorstellungskraft des Übenden. Ich schloß daraus, daß Methoden, die vom Patienten Vorstellungsfähigkeit verlangen, oft nicht "zuverlässig" sind und man ihre Effekte meistens nicht vorhersehen kann.

Vertrauen

Manche Menschen kommen zu einem Therapeuten, weil sie Hilfe suchen. Sie haben eine positive Einstellung gegenüber dem gewählten Therapeuten. Es gibt aber auch Menschen, die aus anderen Gründen zur Therapie kommen. Die einen wollen ihrem Partner einen Gefallen tun, die anderen finden es "schick", einen eigenen Therapeuten zu haben. Diejenigen, die großen Wert darauf legen, was ihre Bezugspersonen von ihnen denken, gehen zu einem Therapeuten, weil das, nach ihrer Meinung, ein Beweis und auch ein Teil ihres persönlichen Wertes ist.

Die Patienten erwarten meistens von ihrem Therapeuten, daß er ihr Problem schnell, leicht und in wenigen Schritten löst und sie dabei noch Spaß haben. Wenn sie dann erfahren, daß sie etwas tun müssen, um sich von den vorhandenen Problemen

zu befreien, daß sie nämlich an der Problemlösung verantwortlich selbst mitarbeiten müssen, entsteht Mißtrauen, sowohl gegenüber dem Therapeuten als auch gegenüber der Methode, die
während der Therapie angewandt wird.

Autogenes Training verlangt vom Übenden, was auch immer betont wird, daß er an die Möglichkeit glaubt, durch wiederholte Suggestionen körperliche Prozesse so zu beeinflussen,
wie es in den Suggestionen beschrieben wird. Wenn die Wirkung des Autogenen Trainings vom Vertrauen in das Autogene
Training abhängig ist, wirkt nicht die Methode selbst, sondern
die Einbildung des Patienten.

Suggestionen und Vorstellungen können sich keinesfalls verwirklichen, wenn jemand den Suggestionen oder Vorstellungen
nur in dem Sinne vertraut, daß er darin eine Heilungschance
sieht. Der Übende muß von der Wirkung der Suggestionen und
Vorstellungen so tief überzeugt sein, daß er absolut keinen Zweifel an deren Wirkung hat.

Dem Vertrauen im so beschriebenen therapeutischen Sinne
entspricht der Begriff "Glaube". In der Umgangssprache versteht
man unter "Vertrauen" einfach die Bereitschaft, sich auf eine
Person oder eine Idee zu verlassen. Wenn aber in einer therapeutischen Situation, in der Autogenes Training vermittelt wird, der
Therapeut oder Seminarleiter den Teilnehmern erklärt, daß der
Erfolg unmittelbar vom Vertrauen in die Methode abhängt, dann
wird dort eine über die bloße Akzeptanz hinausgehende Einstellung erwartet. Nur unter dieser Voraussetzung können die Teilnehmer Autogenes Training richtig erlernen und verinnerlichen,
und auch nur dann stellt sich die erwartete Wirkung ein. Deshalb möchte ich im weiteren, bezogen auf Autogenes Training,
statt des Begriffes "Vertrauen" den Begriff "Glaube" benutzen.

Wie die geistige Kraft des Glaubens sich in ihrem vollen Inhalt entfaltet und das Bewußtsein eines Menschen prägt, erlebte ich durch die Meditation.

Der Glaube

Von 1970 bis 1981 wurde ich von einem tibetischen Meditationsmeister namens Dhaly Charma unter anderem in der Meditationslehre unterwiesen.

Die erste Begegnung mit meinem Meister

Eines Morgens im Sommer 1970 als ich, wie schon seit Jahren, das Sonnengebet übte, kam ein ungewöhnlicher Mensch auf mich zu, der wie ein Weiser aus dem Märchen aussah. Er fragte mich, was ich tue, und ich weiß nicht, warum ich seine Frage beantwortete. Jedenfalls sagte ich, daß ich Yoga übe und daß meine Übung das Sonnengebet sei. Der Mann erwiderte nur, ich solle es von Herzen üben. Auf meine Frage, was das heiße, kam die Antwort, ich solle daran glauben, daß ich die Sonne grüße und daß ich eins mit der Sonne sei.

Zu der Zeit war ich 20 Jahre alt und fühlte mich selbstsicher; obwohl ich glaubte, das Sonnengebet gut ausführen zu können, dachte ich über den Satz des Mannes nach. Ich versuchte, das Sonnengebet von Herzen zu üben, die Sonne zu grüßen und daran zu glauben, selbst die Sonne zu sein.

Dhaly Charma, so hieß der Mann, schlug mir zehn Tage später vor, sein Schüler zu werden, um die Meditationslehre weiterzugeben, da er mich während dieser zehn Tage jeden Morgen beobachtet hatte, wie ich das Sonnengebet übte und trotz des Muskelkaters und der dadurch verursachten Schmerzen versuchte, es "von Herzen" zu tun.

Am Anfang erhielt ich nur wenige Informationen und Anweisungen. Meine Aufgabe war es, die sogenannten Meditationswahrheiten zu erfahren. Eine dieser Wahrheiten hieß "der Glaube".

Man würde logischerweise davon ausgehen, daß man zuerst an die Meditation glauben muß, bevor man sich auf den Weg zur Erleuchtung macht. Ich war jedoch bereit, meinem Meister auch ohne diesen Glauben zu folgen, obwohl ich vom Zweifel, daß die Meditationsanweisungen meines Meisters mir nicht entsprächen, innerlich ganz zerrissen war. Je größer mein Glaube an die Meditation wurde, desto mehr zweifelte ich an der Art meiner Meditation, meinem Meister und meiner Fähigkeit, das Meditationsziel zu erreichen. Ich brauchte zwei Jahre, um zu erfahren, was "der Glaube" wirklich ist. Er kam zwar unerwartet, aber ich hatte mich schon so an meine Meditation gewöhnt, daß der plötzlich vorhandene Glaube mir als ganz normale Folge meiner Übungen erschien. Von diesem Augenblick an folgte ich dem pfadlosen Pfad, ohne mich irgendwann zu fragen, ob das der richtige Weg sei. Ich erfuhr, was der Ausdruck "etwas von Herzen tun" bedeutet.

Tatsache ist, daß viele Menschen zu Glauben und Vertrauen eine ähnliche Einstellung haben. Betrachtet der Therapeut den Glauben des Patienten an die angewandte Methode als Voraussetzung für den therapeutischen Erfolg, wobei der Glaube des Patienten sich eigentlich erst nach dem therapeutischen Erfolg einstellt, wird die Methode kaum als zuverlässig gelten. Diejenigen, die von Natur aus für Suggestion empfänglich sind, haben die Fähigkeit, an etwas zu glauben, was nicht vorhanden ist. Wenn die Fakten gegen den Inhalt der Suggestion sprechen, ist es äußerst schwierig, an Suggestion zu glauben.

Um die Körpermuskeln zu entspannen, soll der Übende sich beim Autogenen Training vorstellen, daß seine Hand schwer ist.

Falls es ihm sogar gelingt, sich vorzustellen, daß die Hand blei-schwer ist, kann er dies nur, wenn er an die Realität der Vor-stellung glaubt. Die Wirklichkeit sieht jedoch anders aus: Das spezifische Gewicht von Blei ist 9, das spezifische Gewicht des menschlichen Körpers etwa 1.

Manchen Menschen gelingt es, die zunehmende Schwere der Hand zu spüren. Wenn man solche Personen beobachtet, wäh-rend sie üben, stellt man häufig fest, daß sie das Gefühl der Schwere durch einen starken Druck von Hand und Arm auf den Oberschenkel erzeugen. Falls Sie sich, verehrter Leser, davon überzeugen wollen, machen Sie bitte folgende Übung:

Setzen Sie sich bequem auf einen Stuhl. Legen Sie die Hände auf die Oberschenkel. Schließen Sie die Augen und drücken Sie mit den Händen auf die Oberschenkel. Verstärken Sie ganz all-mählich den Druck.

Was empfinden Sie dabei? Sie meinen natürlich, die Schwere zu spüren; in Wirklichkeit jedoch steigern sie den Druck und die Muskeln verspannen sich dabei.

Zusammenfassung

Wir haben gesehen, daß es mindestens drei unabdingbare Voraussetzungen gibt, auf deren Grundlage das Autogene Trai-ning entwickelt wurde. Diese sind:

1. Sensibilität für Suggestion
2. Vorstellungsfähigkeit
3. Glaube

Die Sensibilität für Suggestion ist eine menschliche Eigen-schaft, die sich nur bedingt verbessern läßt. Manche Menschen sind von Natur aus mehr, andere weniger suggestibel. Arbeitet ein Therapeut mit einer von Natur aus wenig suggestiblen Person, bleiben alle therapeutischen Versuche, durch Suggestion auf diese Person einzuwirken, erfolglos, selbst wenn dieser Patient großes Vertrauen zu seinem Therapeuten hat und den Wunsch in sich hegt, durch diesen beeinflußt zu werden. Ist die Beeinflußbarkeit durch Zweifel oder Angst blockiert, kann der Therapeut Angst und Zweifel abbauen. Bei einem angeborenen Mangel an Sensibilität für Suggestion kann die Beeinflußbarkeit bis zur genetisch bestimmten Stufe erhöht werden, jedoch nicht darüber hinaus.

Die Vorstellungsfähigkeit ist leider etwas, auf das die Menschen wenig Einfluß haben. Nur 1/3 aller Menschen hat die Fähigkeit, sich etwas klar und bildhaft vorzustellen; nur wenige von ihnen können das Vorgestellte ein paar Minuten im sogenannten persönlichen Raum unverändert festhalten.

Der Glaube an die Methode, die ein Therapeut bei einem Patienten anwendet, kann den therapeutischen Prozeß wesentlich erleichtern, beschleunigen und verbessern. Arbeitet aber die Methode an sich nicht nur mit Fakten sondern auch mit nicht realen Vorstellungen, wie es z. B. beim Autogenen Training, Positiven Denken, Neurolingistischen Programmieren (NLP) und vielen anderen Denkrichtungen einschließlich fast der gesamten Esoterik der Fall ist, löst der Glaube beim Patienten Begeisterung und eine vorübergehende Besserung aus. Mit der Zeit läßt aber die Wirkung solcher Methoden nach, der Patient verfällt wieder in seine alten Denk- und Verhaltensmuster, und die Probleme, die er lösen wollte, tauchen wieder auf.

Suggestion bei Hypnose und bei Autogenem Training

Die Rolle der Suggestion läßt sich am besten bei der Hypnose und beim Autogenen Training am besten beobachten. So konnte ich Probleme, die durch die Anwendung der Suggestion entstehen, noch deutlicher analysieren.

Suggestion und Hypnose

Bei der Anwendung von Hypnose stieß ich bei den Patienten auf zwei Probleme. Das erste war die Einführung in die Trance und was bei dieser Einführung geschah. Das zweite Problem bestand in den unerwartet auftauchenden Phänomenen im Verlauf der Trance.

Bei der Einführung in die Trance (Induktion) beobachtete ich, daß viele Patienten die Schwere und die Wärme in den Händen und Beinen spürten, was auch zu erwarten war. Zu meiner Überraschung aber fand ich heraus, daß einige Patienten kalte Hände bekamen, während sich bei anderen ein Gefühl der Schwerelosigkeit einstellte.

Paradoxe Hypnose

Im Herbst 1993 versuchte ich bei einem Ausbildungsseminar über Hypnose, eine Person durch die sogenannte "fraktionierte Induktion" in Trance zu versetzen. Obwohl ich schon einige Teilnehmer hypnotisiert hatte, beobachtete ich, daß diese Versuchsperson von einer immer stärkeren Unruhe ergriffen wurde. Sie wehrte sich gegen alle ausgesprochenen Suggestionen.

Jedes Mal, wenn ich ihr die Schwere eines Körperteils suggerierte, richtete sie zwar ihre Aufmerksamkeit auf diesen Körper-
teil, wurde selbst aber immer unruhiger. Ihre Aufmerksamkeit
war jetzt so auf mich fixiert, daß sie nur noch die von mir aus-
gehenden Signale wahrnahm. Plötzlich kam ich auf die Idee,
diese auffällige Unruhe als Induktionsmittel zu benutzen. Sobald
ich das Wort "Unruhe" aussprach, hörte sie auf, sich gegen die
Suggestion zu wehren.. Von diesem Augenblick an bemerkte ich,
daß sie sich nicht nur schnell in die Trance versetzen ließ, sondern auch eine offensichtliche Erleichterung erfuhr.

Die unerwartet auftauchenden Phänomene während der
Hypnose ergeben sich aus der Tatsache, daß die hypnotisierte
Person nur dann positiv auf die Suggestion reagiert, wenn sie
mit dem Suggerierten einverstanden ist. Es kann vorkommen,
daß der Patient sich gegen die Suggestion wehrt, obwohl er sich
vor der Hypnose bereit erklärt hat, durch gerade diese Suggestion beeinflußt zu werden. Ein Beispiel dafür ist die Arbeit mit
einer depressiven Patientin.

Total am Ende

Eine depressive Patientin hatte mehrere Sitzungen, in denen wir so intensiv an ihrer Depression arbeiteten, daß sie ihre
Denkweise verändert hat. Statt weiter zu denken, daß sie ihre
Depression nicht mehr ertragen könne und daß es schrecklich
sei, so zu leiden, ersetzte sie diese Gedanken durch folgende:
"Obwohl ich meine Depression nicht mag, kann ich sie ertragen. Der Beweis dafür ist, daß ich sie seit Wochen ertrage. Es ist
zwar schlecht, an einer solchen Depression zu leiden, jedoch
weit entfernt von schrecklich, da schrecklich mehr als 100%
schlecht wäre, was nicht möglich ist."

Um die "richtigen" Gedanken zu verstärken, versetzte ich die Patientin in eine tiefe Hypnose. Als Reaktion auf die Suggestion, daß sie ihre Depression ertragen könne, wurde sie plötzlich wach. Sie war zwar mit der Suggestion einverstanden, aber gleichzeitig wehrte sie sich dagegen, die Depression zu akzeptieren.

Suggestion und Autogenes Training

Autogenes Training beruht auf der Annahme, daß alle Menschen die Schwere und Wärme bei der Hypnose-Induktion spüren. Yoga, Autosuggestion, Progressive Muskelentspannung, Mentaltraining, Neurolinguistisches Programmieren und viele andere Methoden nutzen ähnliche Phänomene, um die Patienten in tiefe Entspannung zu versetzen. Mit der Zeit begann ich, mich für die Ausnahmen zu interessieren, nämlich für die Personen, die sich anders als erwartet verhielten. Noch immer war ich fest davon überzeugt, daß die Entspannungsmethoden ein wirksames und richtiges therapeutisches Mittel seien, und daß es nur aus den genannten Gründen nicht bei allen in der gleichen Weise funktionierte. Deshalb beschloß ich, sie zu verbessern und für möglichst alle Menschen geeignet zu machen. Das war im Sommer 1980. Ich ahnte damals nicht, wohin mich das führen würde. Autogenes Training war meiner Meinung nach eine der besten Entspannungsmethoden. Deshalb entschloß ich mich, das Autogene Training weiterzuentwickeln.

Als eine der größten Schwierigkeiten des Autogenen Trainings betrachtete ich die dafür erforderliche Sensibilität für Suggestion. Durch die Personen, die ich hypnotisiert hatte, erfuhr ich, daß allein die Sensibilität für Suggestion ausschlaggebend

dafür ist, ob eine Person sich leicht oder nur mit großen Schwierigkeiten in eine hypnotische Trance versetzen läßt. Das gleiche Ergebnis erhielt ich als Rückmeldung von denjenigen meiner Patienten, bei denen ich Autogenes Training anwandte. Ich
setzte mich deshalb mit der Frage auseinander, wie Menschen
mit einer geringeren Sensibilität für Suggestion Autogenes Training erlernen könnten?

Zu dieser Zeit begann ich, mich mit kognitiver Verhaltenstherapie zu beschäftigen. Der Grundgedanke dieser therapeutischen Richtung ist, zusammen mit dem Patienten zu erforschen,
ob seine Überzeugungen und Beurteilungen mit der Wirklichkeit übereinstimmen. Der Beginn der Therapie besteht darin,
nach den vorhandenen Fakten zu suchen. Ich übertrug diesen
Gedanken auf das Autogene Training. Ich gab meinen Testper-
sonen die Anweisung, die vorhandenen Körperempfindungen
wahrzunehmen und sich ihrer bewußt zu werden, statt sich etwas zu suggerieren. Überraschenderweise gelang es allen, die am
Experiment teilnahmen, sich durch dieses Verfahren in einen
entspannten Zustand zu versetzen. Sie waren in der Lage, sowohl die Schwere als auch die Wärme verschiedener Körperteile festzustellen, wenn diese im Vergleich zu anderen Körperteilen schwerer bzw. wärmer waren. So ist zum Beispiel ein gut
durchbluteter Arm schwerer als ein weniger gut durchbluteter.

Ohne den Versuch zu unternehmen, sich irgend etwas ein-
zubilden, fanden meine Patienten jedes Mal, wenn sie übten,
genau das, was sie suchten. Die einzige Voraussetzung dafür war
das objektive, nachweisbare Vorhandensein des Gesuchten. Sie
sollten sich keine bleischweren Hände vorstellen, sondern nur
ihre Aufmerksamkeit auf verschiedene Körperteile richten.

In jedem Zustand, in dem sich eine Person befinden kann, sind sowohl die Körperempfindungen des konkreten Zustandes als auch die Körperempfindungen im Zustand der Entspannung vorhanden. Die Signale der Entspannung sind lockere Muskeln, verbesserte Verdauung usw. Der Übende kann seine Aufmerksamkeit auf die Körperempfindungen bei der Entspannung richten und dadurch die eigene Entspannung hervorrufen.

Das gleiche Prinzip benutzt J. Wolfe (J. Wolfe, 1992), wenn sie über das Sexualleben älterer Männer schreibt: Diejenigen, die nur mit großen Schwierigkeiten und sehr langsam zu sexueller Erregung gelangen, sollen ihre Aufmerksamkeit darauf richten, was sie **tun können** und nicht darauf, was sie **nicht tun können**. Sie können ihre Partnerin umarmen, küssen, berühren usw. Wenn sie sich in einer so delikaten Situation mit den Signalen des Versagens beschäftigen, wird die Wahrscheinlichkeit, zu versagen, zunehmen und umgekehrt, wenn sie ihre Aufmerksamkeit jedoch auf das richten, was ihnen Spaß macht, haben sie möglicherweise auch Spaß!

Einige Zustände menschlichen Befindens ähneln der Entspannung, wie z. B. Müdigkeit, Trägheit, Schläfrigkeit, Trauer, Depression, Ruhe, Enttäuschung usw., andere bestehen in Anspannung oder sogar Verspannung, wie z. B. Ärger und Wut, Angst, starke Konzentration, Eifersucht, Neid, Gereiztheit, Beleidigtsein, Verletztsein usw. In den entspannungsähnlichen Zuständen ist es kein Problem, die Körperempfindungen zu verspüren, die der Entspannung entsprechen. Wenn ich aber nachweisen könnte, dachte ich, daß im Zustand der Wut auch die Signale der Entspannung zu finden sind, könnte man sich, ohne sich irgend etwas zu suggerieren, auch aus der Verspannung in einen entspannten Zustand versetzen.

Als ich zu experimentieren begann, ging ich von zwei Hypothesen aus:

1. In jedem bewußten Zustand kann man mindestens eine der Körperempfindungen erreichen, die der Entspannung entsprechen.
2. Man kann die Signale der Entspannung in jedem Zustand bewußt herstellen, wobei man weder Suggestion, Autosuggestion und Vorstellungskraft benötigt, noch dem Therapeuten oder der therapeutischen Methode vertrauen muß.

In der Lebenswirklichkeit gibt es kaum einen bewußten Zustand, in dem die Körperempfindungen der Entspannung nicht vorhanden sind. Der Mensch befindet sich in einer Kette hintereinander ablaufender Zustände, die man als einen gemeinsamen Lebensprozeß mit allem, was dazu gehört, bezeichnen kann. Man kann in keinem Bewußtseinszustand alle Körpermuskeln gleichzeitig anspannen und länger angespannt halten. Dieser Gedanke hat sich sowohl durch meine persönlichen Erfahrungen als auch durch die Erfahrungen meiner Freunde, Bekannten und Patienten bestätigt. Die gleiche Logik kann man auf die Analyse der Verdauung anwenden. In allen emotionalen Zuständen sind einige Verdauungsfunktionen beteiligt, weil das Leben einfach unmittelbar von diesen Funktionen abhängt.

Patienten, bei denen ich diese neue Entspannungslogik anwandte, konnten sich durch die Suche nach den Signalen der Entspannung genauso gut entspannen wie diejenigen, die mit Hilfe anderer Techniken zur Entspannung gelangten. Der Unterschied bestand darin, daß alle, die es versucht haben, sich ohne Ausnahme in einen tief-entspannten Zustand versetzen konnten.

KAPITEL 2

ENTSPANNUNG
ODER GLEICHGEWICHT

IM nächsten Kapitel werde ich die Ausgleichstheorie mit den Entspannungsmethoden vergleichen. Um die Ausgleichstheorie zu verstehen, muß man sich mit den Entspannungstechniken bis zu einem gewissen Grad auskennen. Einige Leser haben sich mehr, andere weniger mit den Entspannungstechniken beschäftigt. Da ich allen Lesern gerecht werden möchte und nicht von ihnen erwarte, über Autogenes Training, Meditation und andere Entspannungsmethoden Bücher zu "wälzen", stelle ich in diesem Kapitel einige Entspannungsmethoden vor. Im weiteren analysiere ich die Alternativen zur Entspannung, und zum Schluß folgen die Theorien, die der Ausgleichstheorie zugrunde liegen.

Entspannungsmethoden

Im vorigen Kapitel habe ich schon einige Entspannungsmethoden erwähnt. Sie sind im 20. Jahrhundert sehr populär geworden, und sie sind sehr gefragt. Woher kommt diese Popularität?

Es ist eine Tatsache, daß im 20. Jahrhundert eine leistungsorientierte Gesellschaft entstanden ist und daß viele Menschen in Streß geraten oder in chronischem Streß leben, seien es nun Kinder, die "viel zu viel" lernen müssen, oder Geschäftsleute, die sogar beim Geschäftsessen (und Trinken) unter Streß stehen, oder Frauen, die nach einem ausgiebigen Einkaufsbummel zu ihrem Psychotherapeuten oder nach Hause eilen und dadurch unter einem ständigen Termindruck leben. Eine solche Gesellschaft bedarf mehr denn je der Entspannungsmethoden. Viele Gründe sprechen für die Entspannung: Sie ist ein angenehmer Zustand; während des Schlafes versetzt man sich in tiefe Entspannung, und wer dem Alltag entfliehen will, flüchtet sich in den Schlaf. Für jemand, der entspannt ist, sind Wachträume meist eine angenehme Beschäftigung; Entspannung hat eine erholsame Wirkung, und wer sich mehrmals entspannt hat, sehnt sich nach der Wirkung der Entspannung. Entspannung kann Schlaflosigkeit beseitigen, hohen Blutdruck senken, unangenehme Gefühle dämpfen, die Verdauung verbessern und Körper und Geist nach anstrengender Arbeit Erholung bringen. Mit Hilfe der Entspannung kann man sich auch in Trance versetzen, die dann für verschiedene Zwecke (Hypnose, Suggestionen, Phantasiereisen usw.) eingesetzt werden kann.

Bisher hat man zahlreiche Entspannungstechniken entwikkelt. Da ich, wie schon im ersten Kapitel beschrieben, durch ständige Versuche, die Entspannungstechniken zu verbessern, die Atosmethode entwickelt habe, möchte ich die Entspannungstechniken vorstellen, die als Quellen der Atosmethode zu verstehen sind und die als Vorbereitung für die Atosübungen angewandt werden können. Außerdem ist ein Vergleich zwischen Entspannung und Ausgleich leichter vorstellbar, wenn man die Entspannungstechniken kennt und der Vergleich nicht nur prinzipiell, sondern auch konkret erfolgt.

Im Verlauf dieses Kapitels werden folgende Entspannungstechniken vorgestellt:

- ❏ Autogenes Training
- ❏ Progressive Muskelentspannung
- ❏ Transzendentale Meditation

Autogenes Training

In den dreißiger Jahren erschien das erste Buch über Autogenes Training, geschrieben von einem Berliner namens Johannes Heinrich Schulz, der seine Patienten zuerst jahrelang mit Hypnose behandelt hatte. Schulz kam auf die Idee, seine Patienten zu entspannen und ihnen dann die heilenden Suggestionen "einzuhämmern", statt weiter mit Hypnose zu arbeiten. Außerdem wollte er seine Patienten in die Lage versetzen, sich zu Hause selbst zu helfen und nicht mehr regelmäßig in seine Praxis kommen zu müssen. Er war offensichtlich kein Vertreter von Beruhigungspillen, denn Autogenes Training wurde zu einem hervorragenden Ersatz für die damals üblichen Beruhigungsmittel.

Viele Autoren haben sich bisher mit Autogenem Training beschäftigt und zahlreiche Varianten entwickelt. Die Abweichungen von dem von Schulz entwickelten Autogenen Training sind manchmal so groß, daß man sie kaum als Autogenes Training erkennen kann. Deshalb werde ich die Grundübungen des von Schulz entwickelten Autogenen Trainings kurz beschreiben.

Autogenes Training – Grundübungen

Autogenes Training besteht aus sechs Grundübungen, die folgendermaßen erlernt werden:

Der Übende setzt sich bequem auf einen Stuhl oder in einen Sessel, legt die Hände auf die Oberschenkel, schließt die Augen und wiederholt bei der ersten Übung im Geiste immer wieder den Satz: "Meine rechte Hand ist schwer. Meine rechte Hand ist schwer. Meine rechte Hand ist schwer. Meine rechte Hand ist schwer..." Dabei richtet er seine Aufmerksamkeit auf die rechte Hand und versucht, sich die Schwere der Hand vorzustellen. Nachdem er den Satz mehrere Male wiederholt hat, entsteht ein leichtes und manchmal sogar ein starkes Schweregefühl in der rechten Hand. Nicht so wichtig dabei ist, wenn das Schweregefühl statt in der rechten, in der linken Hand oder sogar in den Beinen oder in Augenlidern entsteht. Manchmal melden sich auch unerwünschte und unerwartete Gefühle, wie z. B., daß die rechte Hand trotz der Suggestion der Schwere immer leichter wird, und daß sie mit der Zeit anfängt, in der Luft zu schweben!

Unabhängig davon, ob der Übende die Schwere der Hand während der Demonstration beim Therapeuten gespürt hat oder nicht, wird ihm aufgetragen, diese Übung in den nächsten zwei

Wochen 3-4 Mal täglich zu machen, in der Hoffnung, daß sich das Schweregefühl der rechten Hand irgendwann einstellt und der Patient lernt, dieses Gefühl zuerst auf die linke Hand, dann auf die Beine und zuletzt auf den ganzen Körper zu übertragen. Dabei soll der Kopf weder schwer noch warm werden; denn weder ein schwerer noch ein heißer Kopf ist wünschenswert, nicht wahr?

Gelingt es dem Übenden, sich die Schwere der Hand bildhaft vorzustellen und sie sich zu suggerieren, entspannen sich Muskeln und Blutgefäße der Hand, die Durchblutung der Hand wird besser und die erhöhte Blutmenge (in der Hand) macht die rechte Hand im Vergleich zur linken objektiv schwerer. Nach zwei Wochen ist der Übende soweit, die zweite Übung zu erlernen.

Die zweite Übung heißt "Wärme". Der Übende suggeriert sich in der zuvor beschriebenen Weise, daß seine rechte Hand warm sei, indem er die Formel ("Meine rechte Hand ist warm") 6-10 Mal wiederholt. Abgesehen davon, daß der Übende trotz der Suggestion bisweilen die Kälte der Hand spürt, entsteht normalerweise ein Wärmegefühl in der rechten Hand, das sich mit der Zeit auf andere Körperteile überträgt, so daß der ganze Körper nach einigen Wochen bei dieser Übung warm wird.

Mit der dritten Übung möchte der Übende seinen Atem beruhigen und harmonisieren. Er suggeriert sich, daß er ruhig und harmonisch atmet und stellt sich vor, daß ruhiges und rhythmisches Atmen die Entspannung vertieft. Die meisten Übenden genießen die Atemübung. Nur in wenigen Fällen kommt es zu unerwünschten Nebenwirkungen, wie z. B., daß jemand in Panik gerät oder Atembeschwerden entwickelt oder sich über seinen unruhigen Atem ärgert und dadurch noch unruhiger atmet.

Die nächste Übung heißt "Herzübung". Der Übende soll seine Aufmerksamkeit auf den Brustkorb oder auf eine der Stellen des Körpers richten, wo er seinen Puls deutlich wahrnehmen kann. Die Formel, die er sich dabei mental suggeriert und 6-10 Mal wiederholt, lautet: "Mein Herz pulsiert rhythmisch und normal..." Leidet der Übende an Herzrhythmusstörungen, hat er Gelegenheit, sie abzubauen oder abzuschwächen. Arbeitet sein Herz normal und rhythmisch, fördert er die eigene Gesundheit und vertieft die Entspannung noch, was wiederum zu weiteren Entspannungseffekten führt. Bei einigen Übenden können unerwünschte Wirkungen auftreten, wie z. B. Herzrasen, Angst bis hin zu Panikattacken und ähnliches. Der Therapeut empfiehlt, wie auch bei allen anderen Übungen, diese Wirkungen nicht zu beachten und weiter zu üben. Sollte der Übende mit der Übung aufhören, weil er zu unruhig wird, rät ihm der Therapeut zu einer anderen Psychotherapie oder medikamentösen Behandlung.

Die fünfte Übung heißt "Plexus Solaris Übung" oder "Sonnengeflecht-Übung". Sie besteht darin, daß der Übende sich vorstellt, daß die Stelle, die seinem Plexus Solaris entspricht, warm ist. Diese Stelle befindet sich in Magenhöhe zwischen Magen und Wirbelsäule und besteht aus Nerven und Nervenknoten, die für verschiedene Körperfunktionen zuständig sind. Der Übende wiederholt die Formel "Mein Sonnengeflecht ist warm... Mein Sonnengeflecht ist warm... Mein Sonnengeflecht ist warm...", was zur Folge hat, daß im Magen ein Wärmegefühl entsteht und sich mit der Zeit im ganzen Bauchraum ausbreitet. Diese Übung soll die Verdauung verbessern, den Willen stärken und die Entspannung weiter vertiefen. Falls während der Übung der Magen knurrt oder der Übende rülpsen muß, ist das für den Therapeuten ein Signal dafür, daß die Übung wirkt und die Verdauung gefördert wird.

Die letzte Grundübung heißt "Stirnübung". Während die anderen Grundübungen Schwere und Wärme im Körper erzeugen sowie Atem und Puls beruhigen und "normalisieren" sollen, ist die Stirnübung dafür gedacht, den Übenden emotional zu stabilisieren und ihm zu ermöglichen, klar zu denken, die eigene Leistungsfähigkeit zu erhöhen, mit anderen Menschen besser umzugehen und verschiedene Probleme leichter und schneller zu lösen. Der Übende soll sich vorstellen, daß seine Stirn kühler ist und dieses Gefühl durch die suggestive Formel "meine Stirn ist kühl" verstärken.

Zwischen den Grundübungen wiederholt der Übende die Formel: "Ich bin ruhig und entspannt", was die Wirkung der einzelnen Übungen verstärken und die Übungen miteinander verbinden soll. Nach 12-14 Wochen hat der Übende alle Grundübungen erlernt, um sie dann in gekürzter Form ein Leben lang täglich zu praktizieren.

Seit den dreißiger Jahren versuchen verschiedene Autoren, das Autogene Training zu verbessern. Es wurden Hunderte von Untersuchungen durchgeführt, in denen Wissenschaftler die Wirkungen des Autogenen Trainings erforscht und mit anderen Entspannungsmethoden verglichen haben. Die Ergebnisse weisen darauf hin, daß Autogenes Training, Transzendentale Meditation, Progressive Muskelentspannung, Yoga und Hypnose die gleichen Wirkungen hervorrufen. Darüber hinaus haben einige Autoren in den achtziger und neunziger Jahren des 20. Jahrhunderts die Nebenwirkungen der Entspannungsmethoden analysiert und festgestellt, daß die meisten Nebenwirkungen bei den "geprüften" Entspannungsverfahren auftreten.

Progressive Muskelentspannung

Die Progressive Muskelentspannung wurde in den zwanziger Jahren von dem amerikanischen Psychiater Jacobson entwikkelt. Der Grundgedanke der Progressiven Muskelentspannung besteht darin, daß bewußte An- und Entspannung der Muskeln zu einer tiefen allgemeinen Entspannung führt. Verschiedene Autoren haben, ebenso wie beim Autogenen Training, verschiedene Varianten der Progressiven Muskelentspannung entwickelt.

Die ursprüngliche Form der Progressiven Muskelentspannung bestand in etwa 50 Übungen. Jacobson hat im Laufe der Zeit einige Muskelgruppen weggelassen und ab den dreißiger Jahren in seiner Praxis überwiegend die kurze komprimierte Form angewandt. 1958 reduzierte J. Wolpe die Progressive Muskelentspannung auf 15 Übungen. Damit waren alle anderen Versionen überholt, und die Version Wolpes wurde die üblicherweise verwendete Form. Eine Sitzung dauert etwa 20 Min. Es folgt ein Auszug aus einer solchen Sitzung.

Der Übende wird gebeten, sich bequem hinzusetzen, die Augen zu schließen und den Anweisungen seines Therapeuten zu folgen.

"Wenn ich "jetzt" sage, spannen Sie die rechte Hand und den rechten Unterarm an, indem Sie die rechte Faust kräftig ballen. Jetzt! Ballen Sie die Faust und spüren Sie die Spannung in der Hand und im Unterarm. Ballen Sie die Faust noch kräftiger, so kräftig wie möglich. (Nach 7 Sek.) Jetzt entspannen Sie Hand und Unterarm. Spüren Sie, wie Ihre Muskeln sich von ganz allein entspannen. Vergleichen Sie das Gefühl der Anspannung mit dem Gefühl der Entspannung, das in Ihrer Hand und in Ihrem Unterarm wächst. Je mehr Sie Ihre Aufmerksamkeit auf das Gefühl der Gelassenheit und Ruhe richten, desto tiefer können Sie sich entspannen und die Wirkung der Entspannung genießen.

Spannen Sie den großen Muskel Ihres rechten Oberarms an, indem Sie den Arm im Ellenbogen beugen und den Unterarm zur rechten Schulter ziehen. Jetzt! Kräftiger, noch kräftiger... Und nun entspannen Sie den rechten Oberarm. Spüren und genießen Sie diese Entspannung. Vergleichen Sie das Gefühl der Entspannung mit dem Gefühl der Anspannung."

Auf ähnliche Art und Weise werden folgende Muskeln zuerst angespannt, dann entspannt.

❑ Muskeln der linken Hand und des linken Unterarms
❑ Der große Muskel (Bizeps) des linken Oberarms
❑ Stirnmuskeln
❑ Gesichtsmuskeln um Augen und Nase
❑ Lippen-, Zungen- und Kiefermuskeln
❑ Hals- und Nackenmuskeln
❑ Rückenmuskeln zwischen den Schultern
❑ Brust- und Bauchmuskeln
❑ Muskeln des rechten Oberschenkels
❑ Rechte Wade
❑ Muskeln des rechten Fußes
❑ Muskeln des linken Oberschenkels
❑ Linke Wade
❑ Muskeln des linken Fußes

Alle Übungen werden dem Patienten bzw. den Teilnehmern in 6 Sitzungen beigebracht. Die Übenden lernen, die Progressive Muskelentspannung ohne fremde Hilfe zu praktizieren.

Transzendentale Meditation

In den sechziger Jahren wurde diese Meditationstechnik aus Indien in die Vereinigten Staaten gebracht. Maharishi Mahesh Yogi übernahm von seinem Guru Dev die Technik, gründete ein Institut, bildete Lehrer zur Verbreitung der Technik aus und erlangte im Laufe der Zeit Weltruhm.

Die Transzendentale Meditation ist eine sehr einfache Meditationstechnik, die für fast jeden Menschen geeignet ist. Sie besteht aus der Vorbereitung auf die Meditation, der Meditation selbst und dem Abschluß der Meditation.

Der Übende bereitet sich auf die Meditation vor, indem er die Entscheidung trifft, zu meditieren und während der Meditation sein Bestes zu geben. Die Meditation selbst besteht in der mentalen Wiederholung eines Wortes, das als Mantra bezeichnet wird. Der Meditationslehrer vermittelt dem Übenden das Mantra bei der sogenannten Meditationsinitiation als das geheime Wort, das dem Übenden am besten entspricht. Der Übende soll das Mantra im Geiste sanft und leise wiederholen. Falls er während der Meditation durch andere Gedanken abgelenkt wird, soll er sich zur Ordnung rufen und zur Wiederholung des Mantra zurückkehren. Die Meditation dauert zwischen 15 und 20 Minuten und wird zweimal am Tag praktiziert. Nach Ablauf der "vorgeschriebenen Zeit" bleibt der Übende noch ein paar Minuten ruhig sitzen und bereitet sich in Gedanken auf den Alltag vor. Da die Transzendentale Meditation eine tiefe Entspannung bewirkt, ist der Übergang von der Meditation zum alltäglichen Bewußtseinszustand sehr wichtig. Wer sich gleich nach der Meditation in die Hektik des Tages stürzt, steht schnell wieder unter Streß und macht dadurch die Wirkung der Meditation zunichte.

Nebenwirkungen der Entspannung

Bei den meisten Teilnehmern des Autogenen Trainings beobachtete ich, daß sie mit der Zeit antriebslos wurden, sich immer mehr für eine Phantasiewelt interessierten, ihre Arbeit lustlos verrichteten, im Sport weniger Wettkampfgeist zeigten, sich mit den Umständen, in denen sie leben, zufriedengaben, die Arbeit an der eigenen Entwicklung zum größten Teil vernachlässigten und eine verstärkte Neigung zeigten, schon bei kleinen Schwierigkeiten aufzugeben. Ich lernte auch die Experimente kennen, in denen die Theorie der erlernten Hilflosigkeit getestet wurde. M. Seligman (1975) fand bei seinen Experimenten heraus, daß sich sowohl Versuchstiere als auch Menschen, die unkontrollierbaren Situationen ausgesetzt werden, in einen entspannungsähnlichen Zustand versetzen. Bei Patienten, die über mehrere Jahre Autogenes Training oder Transzendentale Meditation geübt haben, kommt es zu einer gewissen Hilflosigkeit im Fühlen, Denken und Verhalten. Wenn diese Patienten mit einer solchen unkontrollierbaren Situation konfrontiert werden, reagieren sie mit hartnäckigem Widerstand und behaupten, daß sie in ihrem Leben kaum etwas verändern können.

Den Laien mag überraschen, daß etwas, was man jeden Tag mit Freude tut und was die Gesundheit anfänglich fördert, später unerwünschte Wirkungen hat und negative Spuren hinterläßt. Ein Laie kann aber auch in seinem eigenen Alltag viele Beispiele für dieses Phänomen finden. Wer an einem Vitaminmangel leidet, nimmt zusätzlich zur täglichen Nahrung Multivitaminkapseln. Nach einigen Tagen verschwinden die Anzeichen des Vitaminmangels. Die Person ist davon überzeugt, daß sie die Kapseln weiter nehmen sollte. Drei Monate später erkrankt die Person an einer Allergie oder Neurodermitis. Erst nach dem Absetzen der zusätzlichen Vitamine verschwindet die Allergie bzw. die Neurodermitis wieder.

Eine Entspannungsmethode beeinflußt den Übenden nur, wenn er sie praktiziert. Es wird allgemein empfohlen, Entspannungsübungen täglich zu praktizieren. Der Übende entwickelt dadurch die Gewohnheit, sich ständig zu entspannen. Auf die Frage, ob der entspannte Zustand von Körper und Geist der natürliche Zustand des Menschen sei, lautet die Antwort eindeutig "nein". Diese Gewohnheit zu entwickeln wäre nur dann sinnvoll, wenn die Entspannung der Ausgangszustand für alle anderen körperlichen und Bewußtseinszustände wäre.

Ein Hungriger kann seinen Hunger mit einem Stück Brot stillen. Wenn aber jemand täglich zuviel Brot ißt, kann er dadurch seiner Gesundheit schaden. Genauso wirken auch Entspannungsmethoden. In kleinen Dosen, zur Heilung oder Erholung eingesetzt, sind sie empfehlenswert. Doch leider haben sie, wie schon erwähnt, die Eigenschaft, den Übenden in einen Glückszustand zu versetzen, und damit beginnen die Probleme. Der Übende zögert unangenehme Arbeiten hinaus, weil es in der menschlichen Natur liegt, das Angenehme dem Unangenehmen vorzuziehen, unabhängig davon, welche Folgen diese Entscheidung für den Übenden später hat.

Meditation und Entspannung

Transzendentale Meditation ist eine von vielen sogenannten Mantrameditationen. Fast alle wirken auf den Meditierenden entspannend. Das ist jedoch nicht das Ziel der Meditation. Menschen meditieren aus den verschiedensten Gründen, von ganz bodenständigen, wie z. B. "ruhiger zu werden", bis zu abstrakten wie "eins mit Gott werden". Unabhängig davon, was man mit der Meditation erreichen möchte, ist sie für jemand nur dann richtig, wenn sie mindestens eine der folgenden Eigenschaften des Bewußtseins verbessert:

- ❑ Aufmerksamkeit
- ❑ Konzentration
- ❑ Achtsamkeit.

Befindet sich jemand in einem entspannten Zustand, ist seine Aufmerksamkeit gering, seine Konzentration schwach, und Achtsamkeit ist gar nicht vorhanden. Ein Beispiel für eine aktive Meditation stellt die folgende Geschichte dar.

Reis und ein Ausflug ins Gebirge

Dhaly Charma hatte einmal ein besonderes Treffen mit mir geplant. Bevor ich ihn besuchte, schickte er mir einen kurzen Brief, in dem schrieb: Bereite Dich für einen längeren Aufenthalt im Gebirge vor, wo es in dieser Jahreszeit unangenehm kalt werden könnte, und lerne Reis kochen.

Als wir uns trafen, fragte er mich, ob ich Reis gekocht hätte?

– Ich habe eine ganze Woche lang einmal täglich Reis gekocht, antwortete ich.

– Was hast Du daraus gelernt?

– Daß man verschiedene Faktoren nur dann berücksichtigen muß, wenn man einen ganz bestimmten Geschmack und eine ganz bestimmte Qualität erzielen möchte, sonst ist es ziemlich unwichtig, ob man Reis länger oder kürzer kocht oder ob die Kochtemperatur höher oder niedriger ist.

Hast Du versucht, Reis bei einer Temperatur von weniger als 80 °C zu kochen?

Nein, weil ich weiß, daß das keine Kochtemperatur ist.

Er sagte kein Wort mehr, zog seine Schuhe aus und verlangte von mir das Gleiche. Wir folgten einem engen Pfad bis zum Ende. Dann kam ein Wald, einem Urwald ähnlich. Ich wußte, es gab dort giftige Schlangen, und machte deshalb warnende Geräusche. Wir stiegen höher und höher. Bald wurde es dunkler, meine Füße schmerzten, ich begann zu schwitzen und die kühle Nässe ging unter die Haut. Erst als es so dunkel war, daß man nur noch hören konnte, meldete sich Dhaly Charma wieder:

– Nun folge mir bitte geräuschlos!

Er verschwand.

Wie ich ihm folgte, weiß ich nicht. Nach einer Ewigkeit erschien mit dem Mond ein schwacher Lichtschein, und ich hörte Wasser plätschern.

– Hier übernachten wir, bestimmte Dhaly Charma. Denke über Reis, deine Füße und die Intuition nach. Morgen sprechen wir darüber.

Wie ein Film lief das ganze Geschehen in meinem Kopf ab. Ich verstand plötzlich die Anweisung, ihm geräuschlos zu folgen. Die einzige Möglichkeit nämlich, ihm zu folgen, war, ihn zu hören. Die einzige Möglichkeit zu überleben, nicht nur für mich, sondern auch für ihn, war, das Geräusch von Schlangen und die Stellen, an denen sie sich aufhielten, rechtzeitig zu erkennen. Meine Füße taten mir jetzt nicht mehr weh.

So habe ich erfahren, was Aufmerksamkeit bedeutet.

Was Intuition mit Reis und meinen Füßen zu tun hatte, begriff ich damals nicht. Erst Jahre später erkannte ich, daß Intuition nichts anderes als äußerste Achtsamkeit ist, die – wie Reis – richtig "gekocht" werden muß, um sich in das, was man als Intuition bezeichnet, zu verwandeln.

Alternativen zur Entspannung

Die Suche nach einem universellen Heilmittel beginnt meistens mit dem Zweifel an dem, was vorhanden ist. Um etwas Neues zu entwickeln, muß man zuerst das, was bisher entwickelt wurde, in Frage stellen. Nachdem ich mich von der Entspannung als einer "Omnipotenzpille" verabschiedet hatte, stellte ich mir die Frage, welche Alternativen es zur Entspannung gebe.

Die erste logische Alternative zur Entspannung ist ihr Gegenteil: Anspannung. Wenn die Spannung in einem angespannten Zustand zunimmt, entsteht Verspannung. Schon beim Wort Verspannung meldet sich bei den meisten von uns ein ungutes Gefühl, und unsere erste Reaktion darauf ist, dieses Gefühl loszuwerden. Trotzdem befinden sich viele Menschen in einem chronisch verspannten körperlichen und geistigen Zustand, wie z. B. Angst und Ärger.

Sowohl Jacobson (1955) als auch Friedman und Rosenman (1959) unterscheiden zwischen zwei Verhaltenstypen: Typ A und Typ B. Wie bei den meisten anderen Verhaltenstypologien erwartet man auch hier, daß das Typ-A- und das Typ-B-Verhalten nur zwei Extreme eines Kontinuums sind. Einige Forschungen sprechen jedoch dafür, daß es sich um zwei getrennte Verhaltenstypen handelt und daß die meisten Menschen entweder dem Typ-A- oder dem Typ-B-Verhaltensmuster entsprechen (Strube, 1989). Typ A ist oft in Eile, setzt sich unter Termindruck, verhält sich in Konflikten aggressiv, ist arbeitswütig (workaholic) und ehrgeizig und erkrankt zweimal mehr an Herz- und Kreislaufkrankheiten als Typ B. Der Blutdruck ist bei Typ A im Durchschnitt höher als bei Typ B; das Verhältnis zwischen HDL ("gutes" Cholesterin) und LDL ("schlechtes" Choleste-

rin) ist bei Typ A weniger gut, und im Alltag hat Typ A mehr
Erfolg als Typ B.

Tabelle Nr. 2: **Typ A und Typ B**

Typ A-Verhaltensmuster	Typ B-Verhaltensmuster
Setzt sich unter Termindruck	Mag keinen Termindruck und genießt stattdessen die Freizeit
Hat den Eindruck, keine Zeit zu haben und ist deshalb oft in Eile	Nimmt den Alltag gelassen und verhält sich eher spontan
Verhält sich in Konflikten aggressiv	Vermeidet Konflikte und gibt oft nach
Findet den Lebenssinn in der Arbeit (workaholic)	Findet den Lebenssinn in vielen Hobbys und in der eigenen Familie
Erfolgsorientiert und ehrgeizig	Spaßorientiert und weniger ehrgeizig
Regt sich leicht auf und wird schnell ärgerlich	Bleibt in schwierigen Situationen ruhig und regt sich kaum auf
„Schlechtes" Cholesterin eher hoch	„Schlechtes" Cholesterin eher niedrig
Blutdruck eher erhöht	Blutdruck eher normal

Obwohl man auf den ersten Blick den Eindruck haben könnte, daß viel Arbeit, Termindruck, Erfolgsorientierung und Ehrgeiz für die Herz- und Kreislaufstörungen bei Typ A verantwortlich sind, haben Smith & Pope (1990) entdeckt, daß der einzige Faktor, der Menschen des Typs A das Leben schwer macht, ihr eigener Ärger ist. Durch Entspannung könnten diese Menschen ihren Ärger abbauen. Der Nachteil dabei wäre, daß sich Entspannungsmethoden nicht selektiv einsetzen lassen, was zur Folge hätte, daß sich Menschen des Typs A weniger erfolgsorientiert und ehrgeizig verhielten.

Dem Typ-A-Verhaltensmuster als Ausgangszustand liegt Anspannung zugrunde. Es wäre wünschenswert, die Vorteile des Typ-A-Verhaltensmusters beizubehalten und gleichzeitig dessen negative Seiten zu neutralisieren. Eine Alternative dazu ist der Ausgleich als Prozeß. Bevor ich diese Idee erläutere, möchte ich jedoch noch eine weitere Alternative analysieren.

Die zweite Alternative zur Entspannung ist das Fehlen eines Grund- oder Ausgangszustandes. Wenn die Menschen keinen Ausgangszustand hätten, könnten sie sich ihren ständig wechselnden Lebensumständen immer wieder anpassen. Verlangt das Leben z. B. von jemandem ein Typ-A-Verhalten, verhält er sich entsprechend dem Typ-A-Verhaltensmuster. Am Besten wäre wahrscheinlich, keinen dominanten Ausgangszustand zu haben. Berücksichtigt man jedoch die Tatsache, daß Menschen vor allem lernfähig sind und daß sie vieles automatisch erlernen, ohne es zu wollen, wäre eine offene Anpassungsfähigkeit nur dann hilfreich, wenn sich ihre Lebensumstände wirklich ständig änderten. Sobald man nämlich einer Situation mehrmals ausgesetzt ist, entwickelt man die Gewohnheit, auf diese Situation stets in der gleichen Art und Weise zu reagieren. Da man den sich wiederholenden Situationen nicht immer in der gleichen körperlichen und geistigen Verfassung begegnet, hindert einen die Gewohnheit daran, sich den Situationen anzupassen. Ein Beispiel aus der Praxis zeigt, wie jemand durch eine Gewohnheit, die durch die sich wiederholenden Situatio-

nen konditioniert wurde, daran gehindert wird, Rücksicht auf die
eigene Gesundheit zu nehmen.

Die Macht der Gewohnheit (1)

Seit Jahren joggt er jeden Morgen. Joggen ist ihm zur Gewohnheit geworden, eine Gewohnheit, die schon beim Aufstehen automatisch einsetzt. Eines Tages stellt man bei einer ärzt-
lichen Untersuchung fest, daß sein Blutdruck sehr hoch ist. Trotzdem joggt er jeden Morgen weiter und läuft dadurch Gefahr,
unterwegs zu sterben.

Bisweilen ist eine Situation der ursprünglichen Situation nur
ähnlich. Dennoch kann die Gewohnheit, die jemand in einer sich
wiederholenden Situation entwickelt hat, ihn daran hindern, sich
in einer ähnlichen Situation richtig zu verhalten.

Die Macht der Gewohnheit (2)

Eine Psychologiestudentin hat viele mündliche Prüfungen
bestanden. Dadurch hat sie die Gewohnheit entwickelt, bei ihren Prüfungen zu reden. Dann kommt die Fahrprüfung und ihre
Gewohnheit, die Prüfung durch Reden zu bestehen, erweist sich
als Hindernis.

Das Leben verläuft meistens in relativ stabilen Umständen,
und die Menschen verhalten sich im täglichen Leben gleich. Sie
verschlafen im Durchschnitt ein Drittel ihres Lebens, mehr als
10 % der restlichen Zeit verbringen sie mit Essen, zweimal so
viel mit Fernsehen und etwa ein Viertel dieser Zeit nimmt ihr
Beruf in Anspruch. Den Rest verteilen sie auf ihre Familie, ihre
Hobbys und unerwartete Ereignisse (Krankheiten, unerwartete
Besuche, Notfälle und ähnliches). Es ist nur schwer vorstellbar,
daß man trotz aller dieser Konditionierungen neutral bleiben und

sich den jeweiligen Lebensumständen immer wieder neu anpassen kann. Die Annahme, daß ein breites Verhaltensspektrum möglich ist, ohne dabei von Gewohnheiten beherrscht zu werden, bleibt deshalb nur Wunschdenken.

Die dritte Alternative zur Entspannung liegt zwischen Anspannung und Entspannung. Seit Jahrtausenden wissen Menschen von der alten Weisheit, wonach der mittlere Weg der richtige Lebensweg ist. Diesem "mittleren Weg" haben sie verschiedene Namen gegeben wie: Balance, Rebalancing, Gleichgewicht, Homöostase, Harmonie, Tao, Yin und Yang usw. Daß zwei Polaritäten sich in einem dynamischen Verhältnis befinden, ist nichts Neues. Das muß nicht mehr erforscht und entdeckt werden. Wo viele schon angelangt sind, habe ich angefangen, und das Neue, das sich daraus ergab, habe ich einfach "Ausgleich" genannt.

Quellen der Ausgleichstheorie (Atostheorie)

In den letzten hundert Jahren haben die Psychologen herausgefunden, daß jeder Mensch eine angeborene Neigung zum Ausgleich hat. In der Lernpsychologie ist die sogenannte Konfabulation ein Beispiel dafür, wie die Neigung zum Ausgleich funktioniert.

Die Biologen haben entdeckt, daß jedes Lebewesen sich den ständig ändernden Umständen anpaßt und daß die Anpassung auf vielen Rückkoppelungen beruht. Die Fähigkeit des Organismus, bestimmte Prozesse und Zustände aufrechtzuerhalten, haben sie als Homöostase bezeichnet.

Nach dem zweiten Weltkrieg hat Norbert Wiener eine neue wissenschaftliche Disziplin entwickelt, die er Kybernetik nannte. Er übernahm unter anderem das zweite Thermodynamik-Gesetz aus der Physik, um den Grad der Ordnung im Universum messen zu können. Das Chaos bezeichnete er als totale "Entropie" und die Ordnung als "Nicht-Entropie". Die Neigung zum Ausgleich läßt sich in ihrer abstrakten Form auf dieses Gesetz zurückführen.

Schon vor mehr als 2.500 Jahren haben die Menschen im alten China behauptet, daß alles, was sie wahrnehmen können, als Ganzheit existiert und daß diese Ganzheit aus kleineren oder anderen Ganzheiten besteht. Jede Ganzheit läßt sich durch zwei Polaritäten beschreiben und begreifen, durch Yin und durch Yang. Die Chinesen haben das Leben in allen seinen Erscheinungsformen als Verhältnis zwischen Yin und Yang verstanden. Es ist die Urquelle der Vorstellung, daß der Mensch eine angeborene Neigung zum Ausgleich hat.

Auf der Grundlage dieser Theorien habe ich zunächst die Ausgleichsmethode entwickelt und sie "Atosmethode" genannt. Ich wollte nicht, daß die Methode nach mir benannt wird. Außerdem wußte ich damals nicht, ob das Wort "Gleichgewicht" oder das Wort "Ausgleich" den Hauptgedanken der Methode am besten wiedergibt. Um sicherzustellen, daß der Name "Atos" nur im Zusammenhang mit Ausgleich (bzw. Gleichgewicht) und nicht im Zusammenhang mit irgendwelchen anderen therapeutischen Verfahren verwendet wird, ließ ich ihn patentieren. In den folgenden Jahren arbeitete ich sehr intensiv an der Weiterentwicklung dieser Methode, wobei ich zu dem Schluß kam, daß der Name "Ausgleich" der Theorie und ihren Anwendungen (Methode, Therapie und Beratung) am besten entspricht.

Da auch andere bisher entwickelte Theorien auf dem Gedanken des Ausgleichs beruhen, möchte ich die in diesem Buch beschriebene Theorie durch den Zusatz "Atos" von ihnen unterscheiden. Alle diese Theorien gehen von der Vorstellung aus, daß viele Lebensprozesse wie der Stoffwechsel (nach der traditionellen chinesischen Medizin) oder mentale Prozesse (nach der Kognitiven Dissonanz) durch eine Neigung zum Ausgleich beeinflußt werden. Deshalb habe ich diese Theorien als Balancetheorien bezeichnet. Es handelt sich dabei nicht immer um Theorien, sondern auch um Gesetzmäßigkeiten und Phänomene. Ich nenne sie jedoch Theorien, weil sie einige Eigenschaften einer Theorie aufweisen und somit als Theorien verwendet werden können. Einige dieser Theorien haben sich außerhalb der offiziellen Wissenschaft entwickelt, andere wurden konzipiert, um die von Wissenschaftlern beobachteten und erforschten Phänomene zu erklären. Die Tatsache, daß sie alle ständig angewandt werden und daß man einige zukünftige Ereignisse anhand von "Balancetheorien" voraussagen kann, hat mich ermutigt, sie zu analysieren und zu ergänzen. Das Ergebnis war zuerst die Atosmethode, dann die Atostheorie und zuletzt die Atostherapie und Atosberatung.

Es scheint ungewöhnlich, die Atosmethode ohne entsprechende Theorie zu entwickeln. Eigentlich wurde sie aus den Balancetheorien entwickelt. Erst nachdem ich viele Atosseminare gehalten hatte, erkannte ich, daß die Atosmethode einige Wirkungen hervorruft, die sich mit den Balancetheorien nicht erklären ließen. Damit kristallisierte sich ein neues Feld heraus,

auf dem die Atostheorie die Balancetheorien ergänzte, miteinander verband und in sich integrierte.

Als Beispiel für die Balancetheorien, die mich über ausgleichende Prozesse als Alternative zur Entspannung nachdenken ließen, werden in diesem Kapitel folgende Theorien kurz erläutert:

- ❏ TAO, Yin und Yang
- ❏ Homöostase
- ❏ Zeigarnik-Effekt, Wahrnehmungsprinzipien und Konfa-
  bulation
- ❏ Kognitive Dissonanz

Tao, Yin und Yang

Der chinesische Philosoph Lao Tse hat etwa 500 Jahre vor
Christus bei seinen Überlegungen über das Wesen der Welt und
ein Urprinzip aller Erscheinungen den Begriff "Tao" geprägt.
Er schreibt darüber in den ersten Zeilen seines Buches "Tao Te
King":

"Es gab etwas ohne Form und doch vollkommen,
was existierte bevor der Himmel und die Erde entstanden sind;
ohne Geräusch, ohne Materie,
von nichts abhängig, unveränderlich,
alles durchdringend, nicht sinkend.
Man kann denken, daß das die Mutter
aller Dinge unter dem Himmel sei.
Seinen wahren Namen kenne ich nicht,
deshalb nenne ich es 'Tao'."

"Das Tao, das sich beschreiben läßt,
ist nicht das wirkliche Tao,
der Name, der sich benennen läßt,
ist nicht der richtige Name."

Yin und Yang

Um die Naturphänomene zu erklären und zu verstehen, hat man im alten China als die zwei wichtigsten Ansatzpunkte die Theorie von Yin und Yang und die der Fünf Elemente benutzt. Der Terminus Yin-Yang tauchte zum ersten Mal im 16. Jahrhundert v. Chr. im Buch "I Ging" auf: "Yin und Yang spiegeln alle Formen und Eigenschaften wider, die im Universum vorhanden sind." Die Theorie von Yin und Yang war damals sowohl in den Schulen als auch im täglichen Leben tief verwurzelt, was bedeutete, man wollte dieser Theorie nach sein eigenes Leben so einrichten, daß man mit der Natur im Einklang lebte. Ursprünglich war Yang die sonnige Seite des Hügels, während Yin die Schattenseite symbolisierte. Im 5. Kapitel des Buches "Klare Fragen" steht: "Yin und Yang sind die Gesetze des Himmels und der Erde, der große Rahmen von allem, die Eltern aller Veränderungen, die Wurzel und der Beginn des Lebens und des Sterbens..." Dieses Zitat weist auf die Überzeugung hin, daß alle natürlichen Phänomene ihren Ursprung in Yin und Yang haben und daß sie durch das Verhältnis zwischen Yin und Yang analysiert und erklärt werden können.

In der Tabelle 3 habe ich verschiedene Yin-Yang Polaritäten ausgewählt, um denjenigen die Yin-Yang-Theorie nahezubringen, die sich in der traditionellen chinesischen Lehre nicht gut auskennen.

Tabelle Nr. 3: **Naturphänomene**

Yin	Yang
Wasser	Feuer
Erde	Himmel
Nacht	Tag
Winter	Sommer
Mond	Sonne
Feuchtigkeit	Trockenheit
Stille	Wind
Tod	Leben
Materie	Energie

Tabelle Nr. 4: **Polaritäten des Ganzen**

Yin	Yang
Unten	Oben
Innen	Außen
Kälte/Frische	Wärme/Hitze
Süß	Salzig
Sauer	Bitter
Weich	Hart
Feucht	Trocken
Schwer	Leicht
Statisch, passiv	Dynamisch, aktiv
Schwach	Stark
Negativ	Positiv

Tabelle Nr. 5: **Yin und Yang des Menschen**

Yin	Yang
Körperzentrum (Rumpf)	Körperperipherie (Extremitäten)
Innere Organe	Haut und Körperoberfläche
Blut	Lebenskraft, Funktionen
Untere Körperteile (Brustkorb, Bauch, Beine)	Obere Körperteile (Kopf, Hals, Arme)
Vordere Körperseite (Gesicht, Brust, Bauch)	Hintere Körperseite (Hinterkopf, Nacken, Rücken)
"Speicherorgane" (Lungen, Herz, Leber, Milz, Nieren)	Hohlorgane (Magen, Gallenblase, Dünndarm, Dickdarm, Blase)

Flexibilität und Vielgestaltigkeit des Modells "Yin und Yang" ermöglichen es, die unterschiedlichsten Phänomene zu erfassen. Über diese praktisch unbegrenzte Möglichkeit heißt es im Buch "Su-Wen": Yin und Yang kann man bis 10 zählen; man kann sie bis 100 erweitern; man kann sie bis 1.000 auffächern und darüber hinaus bis 10.000 erweitern. Bis 10.000 kann man nicht mehr zählen, aber es gibt dabei nur einen Kern." Dieser Kern ist der Ursprung aller Dinge, nämlich das Tao.

Die Theorie von Yin und Yang beschreibt das Verhältnis zwischen den Polaritäten einer Ganzheit, wobei man die Ganzheit als Tao verstehen könnte. Nach der traditionellen chinesischen Lehre lassen sich alle Phänomene auf das Verhältnis zwischen Yin und Yang zurückführen. Yin und Yang sind voneinander abhängig, kontrollieren, ergänzen und begrenzen sich gegenseitig, wandeln sich ineinander um und können sich endlos teilen. Meine Schüler haben mich oft gefragt, wie das praktisch aussieht. Was hat die Yin-Yang-Theorie mit der Atosmethode zu tun? Wie kann man eine traditionelle Lehre aus einer den Europäern fremden Kultur in Europa anwenden? Wo sind die Beweise, daß die Yin-Yang-Theorie der Wirklichkeit entspricht?

Um die Yin-Yang-Theorie verständlich zu machen, werde ich die Gesetzmäßigkeiten der Yin-Yang-Beziehung darstellen und durch Beispiele aus meiner Praxis erläutern. Ich möchte an dieser Stelle zeigen, wie die Yin-Yang-Theorie beim Menschen funktioniert, denn die Atosmethode ist für den Menschen gedacht und wurde für ihn entwickelt.

1. Yin und Yang als Gegensätze

Yin und Yang sind die Polaritäten des Einen. Sie kämpfen gegeneinander und kontrollieren sich dadurch gegenseitig. In einem gesunden Organismus befinden sich Yin und Yang im Ausgleich.

Wenn der Ausgleich aus irgendeinem Grund gestört ist, entsteht Krankheit. Ein Übermaß an Yin führt zu einer Schwäche von Yang und umgekehrt, ein Übermaß an krankhaftem Yang verursacht einen Mangel an Yin.

Ißt z. B. jemand zu viel Salz, so muß er mehr Wasser trinken. Salz ist Yang, weil es fest ist und zusammenzieht. Außerdem "verbraucht" Salz viel Wasser (Yin) wodurch der Ausgleich zwischen Salz (Yang) und Flüssigkeit (Yin) gestört werden kann. Wenn das Yin (Wasser) das Yang (Salz) nicht mehr kontrollieren kann, entsteht Krankheit. Andererseits kann zu viel Wasser (Yin) den Salzgehalt (Yang) herabsetzen, wodurch der Ausgleich zwischen Yin und Yang wieder gestört wird. Ein gutes Beispiel für einen gestörten Ausgleich ist der Ausbruch einer Grippe im

Spätherbst oder Winter: Um diese Jahreszeit empfehlen die Ärzte ihren Patienten, viel vitamin-C-reiches Obst zu essen. Vitamin C ist Yin und wirkt abkühlend auf den Körper; Orangen, Grapefruits, Zitronen und Kiwis enthalten viel Vitamin C und dazu mehr als 95 % Wasser, was den Körper noch mehr abkühlt und die Widerstandsfähigkeit schwächt. Bei feuchtem und windigem Wetter kann jemand, der zu viele Orangen und Kiwis ißt, kaum etwas anderes als eine Erkältung erwarten!

Die angeborene Neigung zum Ausgleich kann man sich als Waage vorstellen: die eine Seite ist Yin, die andere Yang. Solange beide Seiten der Waage gleich schwer sind, erlangt keine das Übergewicht. Erst wenn eine Seite zu leicht wird, senkt sich die andere zu stark nach unten.

2. Die gegenseitige Abhängigkeit von Yin und Yang

Yin kann nicht ohne Yang existieren, ebenso wie Yang nicht ohne Yin existieren kann. "Unten" ist z. B. Yin, aber "unten" ist nur dann möglich, wenn es auch "oben" gibt. "Dunkel" ist etwas immer nur im Vergleich zu etwas was, "hell" ist, "passiv" existiert nur im Vergleich zu "aktiv", "kalt" zu "heiß". "Yin bleibt im Innern, um Yang zu bewahren, und Yang bleibt im Äußeren, um Yin zu dienen." (Zitat aus der chinesischen Schrift "Klare Fragen"). Im menschlichen Körper ist die Nahrung, die sich im Verdauungssystem befindet, Yin, und dieses Yin ist die Voraussetzung für Yang, nämlich für die Energie, die das Leben erhält. Andererseits ist Yang die Voraussetzung für Yin, weil die zugeführte Nahrung nur mit Hilfe von Yang (Energie) verdaut werden kann. Mit anderen Worten, Yang stellt Yin her und umgekehrt stellt Yin Yang her.

In Ägypten haben die Archäologen Weizen gefunden, der etwa 5.000 Jahre alt ist. Als sie den Samen in feuchte Erde legten, begann er zu keimen. Der Samen ist Yang, weil er fest, konzentriert und trocken ist. Die feuchte dunkle Erde ist Yin. Der Samen (Yang) konnte ohne Wasser (Yin) nicht wachsen. Das Wasser aber kann ohne Samen kein Leben hervorbringen!

3. Die gegenseitige Ergänzung und Begrenzung von Yin und Yang

Yin und Yang verbrauchen sich gegenseitig. In einem gesunden Organismus befinden sich Yin und Yang, was ihren gegenseitigen Verbrauch betrifft, im Ausgleich. Ist das Yin aber schwach, wird der Organismus kraftlos, weil Yang dann keine Energie zugeführt wird. Ist das Yang schwach, kann Yin nicht hergestellt werden und es gibt kein Wachstum bzw. keine Erholung.

Beim Fasten fühlt man sich anfangs wohl und voller Kraft, weil Yang nicht mehr zur Verdauung eingesetzt werden muß. Nach einigen Tagen wird man jedoch müde, schlapp und kraftlos, weil das Yin verbraucht ist.

Ein Fall von Durchfall

Vor einigen Jahren hatte ich eine Patientin, die an chronischem Durchfall litt. Sie hatte sich mehrmals untersuchen lassen, aber die Ursache ihrer Krankheit wurde nicht gefunden. Man nahm an, daß emotionale Probleme sie körperlich krank gemacht hatten. Deshalb kam sie zu mir.

Sie wirkte emotional sehr stabil, hatte eine harmonische Familie, eine reife emotionale Beziehung zu ihrem Mann, eine gute Arbeitsstelle und war abgesehen von ihrer Krankheit, voller Lebensfreude. Mit Begeisterung stürzte sie sich buchstäblich jeden Tag auf ihre Arbeit. Sie hatte keine Psychotherapie nötig.

Ich fragte mich, was Dhaly Charma an meiner Stelle machen würde, und kam auf zwei Ideen: Entweder hatte meine Patientin ein schwaches Verdauungssystem, oder es bestand eine chronische Disbalance zwischen Yin und Yang. Die Pulsdiagnose ergab keine angeborene Schwäche. Eine Yin-Yang Störung konnte ich auch nicht feststellen; trotzdem entschied ich mich, die Atosmethode einzusetzen. Zwei Monate später berichtete sie mir, ihr Stuhlgang habe sich normalisiert. Erst lange Zeit danach erfuhr ich, weshalb ihr die Atosmethode geholfen hatte.

Über mehrere Jahre hatte sie versucht, sich mit Autosuggestion zu helfen. Obwohl die Autosuggestion bei ihr nach eigener Aussage nie geklappt hatte, war doch die Hoffnung da, daß es schließlich funktionieren würde. Je mehr sie sich suggerierte, daß sie keinen Durchfall haben dürfe, desto öfter hatte sie Durchfall. Man kann ihr Verhalten verstehen, wenn man bedenkt, wieviele Leute regelmäßig weiter Lotto spielen, obwohl sie dabei nie gewonnen haben. Sich vom Durchfall zu befreien, wäre für meine Patienten wie etwa ein großer Lottogewinn gewesen.

Man kann sich fragen, was diese Geschichte mit der gegenseitigen Ergänzung und Begrenzung von Yin und Yang zu tun hat?

Yang ist die Energie, Yin ist die Nahrung. Der mentale Druck verbraucht viel Yang; Yin (die Nahrung) bleibt deshalb unverdaut. Die Atosmethode ist eine mentale Methode, die den überflüssigen Druck abbaut. Die Folge: Der Ausgleich zwischen Yin und Yang wird wieder hergestellt!

4. Die gegenseitige Umwandlung
von Yin und Yang

Wenn Yin zu stark wird, verwandelt es sich in Yang; wenn Yang zu stark wird, verwandelt es sich in Yin. Bei einer Erkältung greift die Kälte den Körper an, und sie verwandelt sich im Körper in Hitze. Die Folge ist eine erhöhte Körpertemperatur. Greift die Hitze den Körper an, kommt es zu einem Kollaps des Yin, und es entstehen Yin-Symptome, wie z. B. Flüssigkeitsverlust, schwacher Puls, warme Hände und Füße, Ruhelosigkeit.

5. Die endlose Teilbarkeit von Yin und Yang

Yin und Yang sind bis zu einem gewissen Grad an allen Prozessen beteiligt. Obwohl sie sich gegenseitig verbrauchen, voneinander abhängig sind, sich ineinander umwandeln, sich gegenseitig kontrollieren, ergänzen und begrenzen und endlos teilbar sind, lassen sie sich auf das Eine zurückführen, das Tao. Das Verhältnis zwischen Yin und Yang wird in Abbildung 1 dargestellt.

Yin ist dunkel, Yang ist hell; die Grenze zwischen Yin und Yang zeigt, wie Yin und Yang ineinandergreifen. Der dunkle Punkt im Yin und der helle Punkt im Yang weisen darauf hin, daß Yin und Yang sich ins Gegenteil umwandeln können. Die Abbildung zeigt, wie alle Phänomene miteinander verbunden sind und wie sie sich ständig entwickeln und verändern.

Die Atosmethode baut auf der Yin-Yang-Theorie auf, die auch den Atosübungen zugrunde liegt.

Abbildung 1: **Yin und Yang**

Homöostase

Der Begriff "Homöostase" bezieht sich auf jeden selbstregulierenden Prozeß, der dazu dient, Leben zu erhalten. Die Wissenschaftler sind beim Menschen auf viele Prozesse gestoßen, die nach den Prinzipien der Homöostase ablaufen, wie z. B. Blutdruck, Prozesse, die das autonome Nervensystem steuern, Drüsenfunktionen, Verdauung, Atmung, Körpertemperatur, Wachstum und Motivation.

Das Ziel der Homöostase ist es, das dynamische Gleichgewicht (lat. Equilibrium) des Organismus zu fördern. Das homöostatische Prinzip wurde von den Biologen entdeckt, von den Medizinern erforscht und von den Physikern und Psychologen übernommen und auf andere Systeme angewandt.

Ein einfaches Beispiel für Homöostase ist z. B ein Boiler, der die Aufgabe hat, eine bestimmte Wassertemperatur aufrechtzuerhalten. Ist das warme Wasser verbraucht, schaltet sich der Heizmechanismus ein und erwärmt das Wasser im Boiler; wird eine bestimmte Temperatur erreicht, schaltet sich der Heizmechanismus wieder aus.

Die selbstregulatorische Rolle der Homöostase ist für das Leben entscheidend: Solange ein Lebewesen sich den wechselnden Lebensumständen anpaßt, lebt es; verliert es die Fähigkeit, den Ausgleich der Lebensprozesse herbeizuführen, stirbt es.

Im Laufe der menschlichen Evolution haben sich verschiedene homöostatische Mechanismen entwickelt. Je älter eine Funktion im Evolutionssinne ist, desto schwerer kann sie beeinträchtigt werden oder verlorengehen. Bei psychischen Funktionen kann man das am besten beobachten: Lernfähigkeit und Kreativität lassen schon bei kleineren Erschöpfungszuständen

deutlich nach, wobei die Wahrnehmung als ältere Fähigkeit wesentlich schwerer zu beeinträchtigen ist.

Zeigarnik-Effekt, Wahrnehmungsprinzipien und Konfabulation

In den zwanziger Jahren des neunzehnten Jahrhunderts bemerkte B. Zeigarnik, daß Kinder in der Schule den Drang entwickeln, die unterbrochene Arbeit an einer Aufgabe zu beenden.
Wenn sie versuchen, während einer Unterrichtsstunde eine ma-
thematische Aufgabe zu lösen und dabei unterbrochen werden,
beschäftigen sie sich in der nächsten Unterrichtsstunde weiter
mit der gleichen Aufgabe, auch wenn sie inzwischen neue Aufgaben bekommen haben. Das Bedürfnis, etwas Angefangenes zu
beenden und erst danach etwas Neues anzufangen, betrachtet
man auch als eines der Wahrnehmungsprinzipien: Die drei Seiten eines Dreiecks, die in den Ecken nicht aufeinandertreffen,
werden dennoch als Dreieck wahrgenommen.

**Abbildung 2: Drei Seiten der Abbildung werden als Dreieck
wahrgenommen.**

Fehlendes zu ergänzen oder Vollkommenheit zu erreichen,
findet man noch in zwei weiteren interessanten Bereichen. Bei
Gericht machen Richter die Feststellung, daß Augenzeugen über

dasselbe Ereignis unterschiedlich aussagen. Das menschliche Gedächtnis ist oft unzuverlässig, und alles, was man sich merkt, kann auch wieder vergessen werden. Vergißt ein Augenzeuge Einzelheiten, findet er in seiner Phantasie neue, die der Ganzheit entsprechen, ein Vorgang, der als Konfabulation bekannt ist.

Worauf basieren Zeigarnik-Effekt, Wahrnehmungsprinzipien und Konfabulation?

Meine These lautet, daß diese Phänomene auf der Neigung zum Ausgleich beruhen, was mich dazu veranlaßt hat, Fakten, Theorien und Vorstellungen, die den Ausgleich betreffen, zu analysieren und anzuwenden.

Kognitive Dissonanz

L. Festinger (1957) hat den Begriff "kognitive Dissonanz" beschrieben und definiert. Es handelt sich dabei um ein – meistens unangenehmes – Gefühl, das entsteht, wenn wir einen Konflikt zwischen zwei unserer Einstellungen erkennen, die sich auf dasselbe Objekt beziehen. Ein Beispiel dafür ist, wenn ein Kettenraucher von seinem Arzt erfährt, daß er nur noch über 25 % seiner ursprünglichen Lungenkapazität verfügt und daß ihm Lungenkrebs droht. Diese Information steht nicht im Einklang mit seiner positiven Einstellung zum Rauchen. Die Folge ist ein unklares und ungutes Gefühl, das meistens als Angst vor Lungenkrebs und gleichzeitig als Ärger über den Verzicht auf das Rauchen zu erkennen ist.

Die Kognitive Dissonanz beschäftigt die Wissenschaftler seit dreißig Jahren. Nach dem gegenwärtigen Wissensstand gilt sie als nachgewiesenes Phänomen, das vor allem in der Marktforschung, Werbung und Politik häufig zur Einstellungsveränderung angewandt wird.

Bei der kognitiven Dissonanz entsteht durch zwei gegensätzliche Einstellungen ein innerer Konflikt. Dieser Konflikt kann folgende Formen annehmen:

- ❑ Zwei positive Einstellungen, von denen nur die eine auf Kosten der anderen umgesetzt werden kann, wie im vorstehenden Raucher-Fall: eine positive Einstellung zum Rauchen als auch zur eigenen Gesundheit.

- ❑ Eine positive und eine negative Einstellung: Im Raucher-Fall hat der Kettenraucher sowohl eine positive Einstellung zum Rauchen (er raucht leidenschaftlich gern) als auch eine negative (er hat Angst vor Lungenkrebs).

- ❑ Zwei negative Einstellungen : wenn zum Beispiel ein Assistent-Manager von seinem Chef gebeten wird, dessen Frau und Tochter am kommenden Donnerstag früh um 3.40 Uhr vom Flughafen abzuholen. Die eine negative Einstellung betrifft das frühe Aufstehen außerhalb der eigenen Arbeitszeit, die andere die nicht abgelehnte Bitte seines Chefs – aus Angst vor eventuellen negativen Folgen wagt er nicht, die Bitte abzulehnen, und fährt widerstrebend zum Flughafen (der Chef entscheidet über seine Beförderung und Gehaltserhöhung).

Da die kognitive Dissonanz ein unangenehmer Zustand ist, versuchen die Menschen, die in einer solchen Situation sind, sich daraus zu befreien. Sie haben dazu vier Möglichkeiten:

- ❑ Sie können ihre Einstellungen in der Weise ändern, daß diese nicht mehr diametral entgegengesetzt sind. Ein

Kettenraucher kann aufhören zu rauchen, indem er seinem Arzt glaubt, wodurch seine Abneigung gegen das Rauchen stärker wird. Die positive Einstellung zum Rauchen wird damit abgeschwächt und die Vorteile, die das Nichtrauchen bringt (verbesserte Atmung, bessere Körperverfassung), erhöhen die Abneigung noch.

❑ Sie können versuchen, die Situation in einem positiven Licht zu sehen. Der Assistent-Manager könnte sich z. B. vorstellen, daß die Fahrt zum Flughafen um 3 Uhr morgens einen Meilenstein auf seinem Weg zum Erfolg darstellt und daß sein Chef, als er Assistent-Manager war, sicherlich etwas Ähnliches tun mußte.

❑ Die kognitive Dissonanz kann dadurch abgeschwächt werden, daß der Betroffene nach zusätzlichen Informationen sucht. Ein Kettenraucher kann das, was ihm der Arzt gesagt hat, in Frage stellen, wenn er erfährt, daß sein Onkel erst mit neunzig Jahren gestorben ist, obwohl er sein Leben lang geraucht hat.

❑ Die kognitive Dissonanz kann letztendlich dadurch verringert werden, daß ihre Bedeutung heruntergespielt wird. Der Assistent-Manager könnte sich fragen, ob das widerstrebende Gefühl wirklich so unangenehm ist oder nur ein Zeichen seiner Schwäche darstellt. Wenn er die Dissonanz akzeptiert, indem er sich einredet, sie ertragen zu können, verringert sich die Dissonanz, und er ist nicht nur in der Lage, zum Flughafen zu fahren, sondern auch die zwei Damen zu unterhalten.

Ich bin von der Annahme ausgegangen, daß die kognitive Dissonanz auf der Neigung zum Ausgleich beruht, und daß sie nur eine Erscheinungsform der Neigung zum Ausgleich ist. Als eine der Balancetheorien war sie mit ein Grund für die Entwicklung der Ausgleichstheorie.

TEIL 2

THEORIE

KAPITEL 3

ATOSPRINZIPIEN

WENN jemand etwas erforschen möchte, schlägt er meistens einen der folgenden zwei Wege ein:

1. Er sammelt zuerst Fakten und sucht dann nach den Zusammenhängen.
2. Er geht von einer Annahme aus und überprüft sie danach auf ihre Richtigkeit.

Der erste Weg ist als induktive Forschung bekannt, weil man von konkreten Fakten auf die Gesetzmäßigkeiten schließt. Der zweite Weg heißt hypothetisch-deduktiver Weg, weil zuerst eine Hypothese aufgestellt und diese anschließend in der Praxis angewandt und überprüft wird.

Der induktive Weg ist besonders für die Beschreibung direkt ersichtlicher Phänomene geeignet. Wollen wir z. B. erforschen, wie das autonome Nervensystem funktioniert, können wir verschiedene Prozesse dieses Systems beobachten oder sogar auslösen, um herauszufinden, welche Teile des autonomen Nerven-

systems bei welchen Prozessen aktiv bzw. passiv sind. Wir können unter anderem feststellen, daß bei einem starken unerwarteten Geräusch Adrenalin ins Blut abgegeben wird als Folge des
aktivierten Sympathikus (Sympathikus und Parasympathikus sind
Bestandteile des autonomen Nervensystems, mit meist entgegen-
gesetzter Wirkung. Ist der Sympathikus aktiv, bleibt der Parasympathikus passiv und umgekehrt). Durch weitere Untersuchungen ließen sich die Funktionen des autonomen Nervensystems noch viel genauer kennenlernen. Man könnte z. B. erfahren, daß der Sympathikus für die Anspannung verantwortlich ist,
während der Parasympathikus die Entspannung ermöglicht usw.

Ist ein Phänomen schon bekannt, stellt man sich die Frage,
wie es sich in unterschiedlichen Situationen äußert und in welchem Verhältnis es zu anderen Phänomenen steht? Zu diesem
Zweck verwendet man normalerweise die hypothetisch-deduk-
tive Methode.

Man weiß, wie verschiedene mentale Aktivitäten auf das autonome Nervensystem wirken. Zum Beispiel kann eine traum-
ähnliche Phantasie entspannend und erholsam sein und den Parasympathikus fördern. Wenn jemand aber sehr laute und hek-
tische heavy-metal-Musik hört, wird der Sympathikus bei ihm
aktiviert. Man muß nicht jedes Mal induktiv erforschen, ob sich
diese spezielle heavy-metal-Musik auf die betreffende Person
erregend auswirkt.

Meine Kollegen haben mich oft gefragt, welche Beweise ich
dafür habe, daß die Atosmethode für jeden Menschen geeignet
sei oder daß man mit Hilfe der Atosmethode viele funktionelle
Störungen beseitigen könne? Am Anfang habe ich natürlich nicht
mit Kontrollgruppen gearbeitet. Trotzdem konnte ich zuverlässig
sagen, was mit der Atosmethode zu erreichen ist. Die Antwor-

ten ergaben sich aus einer konsequenten Anwendung der hypothetisch-deduktiven Methode.

Wir können die Annahme, daß sich die Atosmethode für jeden Menschen eignet, ganz leicht beweisen, wenn wir unsere
Kenntnisse über die menschliche Aufmerksamkeit nutzen. Wenn
jemand die Atosmethode anwendet, braucht er zunächst nichts
weiter zu tun, als seine Aufmerksamkeit auf bestimmte Phänomene zu richten. Da jeder Mensch fähig ist, seine Aufmerksamkeit bewußt zu steuern, kann auch jeder die Atosmethode anwenden.

Machen Sie selbst den Versuch, Ihre Aufmerksamkeit gezielt
einzusetzen.

Übung: Training der Aufmerksamkeit

Nehmen Sie eine Armbanduhr oder einen Wecker mit Se-
kundenzeiger. Richten Sie Ihre Aufmerksamkeit auf den Sekun-
denzeiger und nehmen Sie jeden Sprung des Sekundenzeigers
wahr, ohne dabei an etwas anderes zu denken. Tun Sie das nur
eine Minute lang. Wiederholen Sie die Übung, aber dieses Mal
atmen Sie tief ein, halten den Atem an und nehmen parallel
dazu die Sprünge des Sekundenzeigers wahr.

Vergleichen Sie bitte Ihre Erfahrungen! Wann konnten sie
sich besser konzentrieren? Sind Ihre Gedanken stärker abge-
schweift, als Sie normal geatmet oder als Sie den Atem angehalten haben?

Nun machen Sie folgendes Experiment: Beginnen Sie ganz
langsam zu atmen, aber so, daß Sie genug Sauerstoff bekommen. Richten Sie ihre Aufmerksamkeit auf den Sekundenzei-
ger, und nehmen Sie seine Sprünge wahr, ohne an etwas zu
denken. Merken Sie sich, Sie sollen die Sprünge des Sekunden-

zeigers wahrnehmen und gleichzeitig möglichst langsam, aber
normal atmen und dabei an nichts denken.

Vergleichen Sie nun diese Erfahrung mit den beiden ersten.

Einige Leser werden feststellen, daß sie sich bei der ersten
Variante am besten konzentrieren konnten, während anderen die
zweite oder dritte Variante mehr entsprochen hat. Die Menschen
unterscheiden sich in ihren Veranlagungen, Erfahrungen und
Lebensumständen. Diese Unterschiede habe ich bei der Entwicklung der Atosmethode berücksichtigt. Man kann eine universelle
Methode finden, die sich für alle Menschen eignet, wenn die
Methode allein darin besteht, den Menschen zu zeigen, wie sie
ihre eigene Therapie und ihre eigenen Entwicklungsmethoden
aufbauen und praktizieren können. Das ist der Hauptgedanke
der Ausgleichstheorie und damit der Atosmethode, Atosberatung
und Atostherapie.

Bei der Entwicklung der Atosmethode habe ich zunächst die
entscheidenden Prinzipien definiert (deshalb spreche ich vom
hypothetisch-deduktiven Weg), um daraus dann das weitere Vor-
gehen abzuleiten, so wie ich auch in einer unbekannten Stadt,
in der ich mich zurechtfinden möchte, erst einige Punkte suche,
an denen ich mich orientieren kann. Solche Punkte sind der
Marktplatz, die Kirche, das Rathaus, die Hauptstraße, die Park-
garage usw. Obwohl sich die Städte sehr voneinander unterscheiden, kann man in jeder Stadt einige der aufgezählten Orientie-
rungspunkte finden. Mit den Atosprinzipien ist es das Gleiche:
Ich ging von verschiedenen Alternativen aus und überprüfte sie
anhand der mir zur Verfügung stehenden Fakten; dabei wählte
ich die Prinzipien, die mir am zweckmäßigsten erschienen und
die dann zusammen die Atostheorie bildeten.

Die nachstehend aufgeführten Atosprinzipien sind der Ausgangspunkt aller Atosübungen. Wir werden uns in den nächsten Kapiteln damit näher befassen:

1. Jeder Mensch hat eine Neigung zum Ausgleich.

2. Die Neigung zum Ausgleich hat verschiedene Erscheinungsformen. Alle Erscheinungsformen lassen sich auf zwei Gruppen zurückführen:

   a. Die erste Gruppe dient zur Aufrechterhaltung des beobachteten Systems (beim Menschen handelt es sich um die lebenserhaltenden Prozesse)

   b. Die zweite Gruppe dient zur optimalen Entwicklung des beobachteten Systems (ein System kann ein Organismus, eine Firma, eine Familie, eine Gruppe, ein Ökosystem usw. sein)

3. Das dritte Prinzip betrifft die Organismen: Die Neigung zum Ausgleich kann sich bei jedem Organismus von allein verwirklichen, wenn bestimmte Voraussetzungen gegeben sind.

Die Prinzipien Nr. 4, 5, 6 und 7 betreffen nur den Menschen.

4. Die Neigung zum Ausgleich erfolgt meistens in der Form, daß zuerst ein Ausgleich des Bewußtseins und danach ein Ausgleich des Körpers stattfindet.

5. Die reine Wahrnehmung befreit die Neigung zum Ausgleich von Blockaden, so daß es zu einem immer stärkeren Ausgleich des Bewußtseins kommen kann.

6. Die bewegliche Aufmerksamkeit reicht zum Ausgleich des Bewußtseins aus.

7. Proaktivität, d. h. vorausplanendes Denken und vorausplanendes Handeln als eine neue Lebensphilosophie ist
   eine spontane Folge, wenn die angeborene Neigung zum
   Ausgleich aktiviert wird.

Bei der Ausbildung der dritten Generation von Atos-Leh-
rern geriet ich einmal in eine Diskussion über die Atosprinzipi-
en. Es wurde vorgeschlagen, die Atosprinzipien in drei Gruppen zu unterteilen, was ich akzeptiert habe, weil ich der Überzeugung bin, daß diese Unterteilung die Ausgleichstheorie und
damit auch die Atosmethode vollkommener darstellt.

Die erste Gruppe umfaßt die Atosprinzipien eins, zwei und
drei. Diese Gruppe macht Aussagen über die der Atosmethode,
Atostherapie und Atosberatung zugrunde liegende Philosophie.
Beim ersten Atosprinzip (" Neigung zum Ausgleich") handelt es
sich um ein Paradigma, das meiner Meinung nach fast alle therapeutischen Richtungen integrieren kann. Anhand dieses Prin-
zips könnte man sogar die Chancen einer Therapie beurteilen
und eine Voraussage über den Erfolg des therapeutischen Einsatzes machen. Fördert eine Therapie die Neigung zum Ausgleich, so besteht eine größere Chance, Ausgleichsabweichungen zu beseitigen und dauerhafte Genesungseffekte zu erzielen.
Ein gutes Beispiel dafür sind Entspannungsmethoden, die auf
Dauer versagen, weil sie die Neigung zum Ausgleich dämpfen
und stattdessen die Neigung zur Entspannung einprägen. Wenn
eine Therapie die ausgleichenden Prozesse beim Patienten anspricht, verstärkt oder, wo sie fehlen, dem Bewußtsein des Patienten einprägt sowie die Flexibilität und Anpassungsfähigkeit des
Patienten fördert, stimmt sie mit dem ersten Atosprinzip über-

ein. Sie hilft dem Patienten, seine Lebensqualität zu verbessern. Wenn sie sich aber nur mit den akuten Symptomen befaßt und diese betäubt, ohne jedoch die Neigung zum Ausgleich zu aktivieren und ohne die Langzeitperspektive beim Patienten zu fördern, verdrängt sie meistens die Neigung zum Ausgleich und macht den Patient häufig vom Therapeuten abhängig.

Im letzten Satz habe ich ganz bewußt die Wörter "meistens" und "häufig" verwendet, denn es gibt Therapien, die sich fast ausschließlich mit den akuten Symptomen beschäftigen und trotzdem die Neigung zum Ausgleich aktivieren. Sie führen beim Patienten keinesfalls zur Abhängigkeit vom Therapeuten, sondern befähigen den Patienten ganz im Gegenteil, seinen Weg allein weiterzugehen. Zu diesen Therapien gehören unter anderen die von Albert Ellis entwickelte REVT (Rational-Emotive Verhaltenstherapie) und die von Aaron Beck entwickelte Kognitive Therapie. Albert Ellis und Aaron Beck gehen bei ihrer Therapie von dem Ansatz aus, daß für eine zufriedenstellende Lebensqualität unsere Gedanken rational sein sollen, d. h. die Gedanken müssen der Wirklichkeit entsprechen und in der Wirklichkeit auch umsetzbar sein.

Das zweite Atosprinzip ("die Neigung zum Ausgleich hat verschiedene Erscheinungsformen") umfaßt auf der einen Seite alle Prozesse, mit denen sich auch andere Ausgleichstheorien beschäftigen. Beim Menschen sind das z. B. Herzrhythmus, Atem, Schlaf und Wachsein, hormonelle Abläufe, Verdauung, kognitive Dissonanz, Konfabulation usw. Auf der anderen Seite betrifft das zweite Atosprinzip die Entwicklung des beobachteten Systems und bestimmt die optimale Entwicklungsrichtung für dieses System. Beim Menschen handelt es sich um die Entwicklung verschiedener Veranlagungen, wie z. B. Intelligenz, Motivation, Kreativität, Kommunikation, Gefühle usw.

Das dritte Atosprinzip ("die Neigung zum Ausgleich verwirklicht sich von allein") beantwortet die Frage, wie sich die Neigung zum Ausgleich verwirklicht. Bezogen auf den Menschen bin ich beim dritten Atosprinzip davon ausgegangen, daß es sowohl im Bewußtsein als auch im menschlichen Körper durch Rückkoppelung (Feedback) umgesetzt wird.

Zur zweiten Gruppe gehören das vierte, fünfte und sechste Atosprinzip ("zuerst der Geist und danach der Körper", "reine Wahrnehmung" und "bewegliche Aufmerksamkeit"). Sie sind die Anweisungen dafür, welche Maßnahmen sinnvoll sind und wie man sie gestalten soll, um dem Patienten zu helfen. Außerdem weist das vierte Atosprinzip auf die Reihenfolge der ausgleichenden Prozesse bei den meisten Menschen hin. Es gibt zwar immer wieder Fälle, bei denen der Ausgleich des Bewußtseins über den Körper erfolgt, was auf eine Wechselwirkung zwischen Körper und Bewußtsein hinweist, aber es kommt nur selten vor, daß die Körperarbeit so stark, schnell und dauerhaft wirkt wie eine mentale Therapie.

Welche mentalen Fähigkeiten die Atosmethode ansprechen muß, damit es bei den Teilnehmern bzw. Patienten zu einem Ausgleich des Bewußtseins kommt, ergibt sich aus dem fünften und dem sechsten Atosprinzip. Obwohl das Denken in seinen vielen Erscheinungsformen wie Phantasie, Vorstellung oder Sprache die Hauptaktivität des Bewußtseins ausmacht, beruht die Atosmethode nicht auf dem Denken, sondern auf der Wahrnehmung, weil die Wahrnehmung die Urquelle des menschlichen

Bewußtseins und aller Denkprozesse ist. Denken ist fast immer mit Gefühlen verbunden, und ungesunde Gefühle wiederum haben voreingenommenes Denken zur Folge. Voreingenommenes Denken aber blockiert die Neigung zum Ausgleich. Die reine Wahrnehmung ist im Gegenteil dazu eine fast neutrale mentale Aktivität, die einen Ausgleich des Bewußtseins zuläßt. Neutral ist diese Aktivität allerdings nur dann, wenn der Denkprozeß tatsächlich ausgeschaltet ist. Das ist die entscheidende Voraussetzung für einen Ausgleich des Bewußtseins.

Der mit dem Atem kämpfte

Einmal hatte ich einen Patienten, der an einer zwanghaften Störung litt. Er glaubte, nie genug Sauerstoff zu bekommen. Deshalb versuchte er, immer tiefer einzuatmen. Als ich ihn zum ersten Mal sah, war sein Gesicht dunkelrot, seine Hände zitterten, und er konnte nur in abgerissenen Sätzen sprechen. Er bat mich um Hilfe und erzählte, daß er diese Störung seit knapp zwei Jahren habe.

Nach einer gründlichen Untersuchung stellte ich zusammen mit meinen Kollegen etwas fest, was sehr selten vorkommt, nämlich, daß unser Patient wirklich nur an dieser einen Störung litt und daß der Störung wahrscheinlich keine biologische Veränderung zugrunde lag. Er schien der ideale Fall für eine Überprüfung der Frage zu sein, ob die reine Wahrnehmung einen Ausgleich des Bewußtseins zuläßt.

Ich trug dem Patienten auf, die Geräusche der Autos, die an der Klinik vorbeifuhren, so wahrzunehmen, als hinge sein Leben davon ab. Er versuchte es, aber seine Aufmerksamkeit ließ so schnell nach, daß er am Anfang nicht länger als 30 Sekunden durchhielt. Ich erinnerte ihn alle paar Minuten an seine Aufgabe, und nach 30 Minuten begann er schließlich etwas tiefer zu atmen. Die Sitzung dauerte 45 Min. Nach der Sitzung fühlte er sich wesentlich besser und bekam, nach seiner eigenen Aussage, zum ersten Mal seit zwei Jahren genug Sauerstoff. Seine Hände zitterten nicht mehr, und sein Gesicht sah gesünder aus.

Ich habe die gesamte Sitzung mit einem Kassettenrecorder aufgenommen und meinem Patienten die Kassette mit der Anweisung gegeben, sie innerhalb der nächsten Woche zu Therapiezwecken zweimal täglich zu benutzen. Die Kassette sollte den Therapeuten ersetzen, während er selbst die Autogeräusche so wahrnahm, als hinge sein Leben davon ab. Zuerst sollte er in der Nähe einer Hauptstraße spazierengehen und danach sich immer weiter von der Hauptstraße entfernen, bis zu einem Stadtteil, wo die Autos nur noch schwach zu hören waren.

Nach vier Tagen rief er mich an, um den nächsten Termin abzusagen. Es gehe ihm hervorragend, sagte er, und ihm reiche seine Kassette. Er denke, er habe jetzt den Zauberstab für alle Probleme, die noch auf ihn zukommen könnten, und er bedanke sich sehr, obwohl er immer noch nicht glauben könne, daß sein Problem so leicht und einfach zu lösen sei!

Als ich den "Atem-Fall" mit meinen Kollegen diskutierte, fragten sie mich, ob "die Therapie der reinen Wahrnehmung" nicht nur eine Ablenkung sei? Die Antwort war: "teilweise ja". Diese Methode ist jedoch mehr als nur eine Ablenkung: Eine reine Ablenkung wäre etwas, das auch Nachdenken einschlösse. Erst dann, wenn jemand die Wirklichkeit wahrnimmt, ohne über diese Wirklichkeit nachzudenken, läßt diese Aktivität einen Ausgleich des Bewußtseins zu. Deshalb trug ich meinem Patienten auf, die Kassette als seinen "Therapeuten" zu benutzen: Meine ständigen Ermahnungen, was er zu tun habe, unterbrachen seine Gedanken und schalteten sie sogar aus.

An dritter Stelle der Gruppeneinteilung steht das siebte Atosprinzip ("Proaktivität"). Es dient als Kriterium, anhand dessen der Therapeut bzw. der Atos-Lehrer feststellen kann, ob Patienten und Teilnehmer ihre Neigung zum Ausgleich aktiviert haben oder ob sie ihrem Bewußtsein eine nur scheinbar ausgleichende Neigung eingeprägt haben.

Die Neigung zum Ausgleich

Jeder Mensch hat die Neigung zu einem ständigen geistigen und körperlichen Ausgleich. Fast alle Lebensprozesse schwanken um eine Mitte zwischen zwei entgegengesetzten Polen. Die Neigung zum Ausgleich kann man überall erkennen. Die Biologen bezeichnen sie als "Homöostase", was sich mit "Gleichgewicht" übersetzen läßt.

Beweise für die Neigung zum Ausgleich findet man leichter bei körperlichen als bei Bewußtseinsprozessen, was nicht heißen muß, daß diese Neigung im Bewußtsein nicht vorhanden ist.

Im menschlichen Körper haben z. B. Blutdruck und Herzrhythmus bei jedem Menschen einen bestimmten Wert, der sich bei außergewöhnlichen körperlichen Anstrengungen kurzfristig verändern kann. Sobald die Anstrengungen vorüber sind, pendelt sich der alte Blutdruck- und Herzrhythmuswert wieder ein.

Bewußtseinsprozesse können zur Zeit nur indirekt registriert werden. Eine der Möglichkeiten, sie zu beobachten, ist die Messung der Gehirnwellen. Mit einem Gerät namens Elektroenzephalograph lassen sich die Gehirnprozesse aufzeichnen. Diese Aufzeichnung heißt Elektroenzephalogramm. Sie bezieht sich auf die sogenannten Gehirnwellen, die ständig um einen mittleren Wert schwanken. Die Schwankungen können gleichmäßig oder ungleichmäßig, größer oder kleiner, schneller oder langsamer sein. Von den verschiedenen Teilen des Gehirns werden verschiedene Aufzeichnungen gemacht. Sowohl äußere als auch innere Umstände können die Gehirnwellen verändern. Wenn aber bei einer Versuchsperson einige Tage lang ununterbrochen Aufzeichnungen gemacht würden, könnte man feststellen, daß sie die Neigung zeigen, immer wieder zu einem bestimmten, mittleren Niveau zurückzukehren.

Im täglichen Leben kann jeder die Neigung zum Ausgleich erfahren. Bei der Nahrungsaufnahme z. B. ißt man nur eine bestimmte Menge, ebenso wie man Hunger nur bis zu einem gewissen Grad erträgt. Bei verschiedenen Aktivitäten wechseln sich aktive und passive Phasen ab. Ist man müde, erholt man sich und umgekehrt; hat man sich erholt, wird man wieder aktiv. Höhen und Tiefen aller Lebensprozesse gleichen sich irgendwann gegenseitig aus. Je länger ein Lebensprozeß beobachtet wird, desto leichter läßt sich die Neigung zum Ausgleich erkennen.

Eigenschaften der Neigung zum Ausgleich

Der Begriff "Neigung zum Ausgleich" weist auf folgendes hin:

❑ Alle Prozesse in Körper und Bewußtsein eines Menschen laufen auf einem bestimmten Niveau ab. Leben bedeutet ständige Veränderung. Je geringer der Ausgleich ist, desto stärker ist die Neigung, den Ausgleich zu erreichen.

❑ Die Neigung zum Ausgleich beeinflußt jeden Prozeß in der Weise, daß dieser nach dem sogenannten "Pendelprinzip" abläuft. Abweichungen vom Ausgleichsniveau sind fast immer vorhanden, und es wäre illusorisch zu erwarten, daß die Menschen den Ausgleich auf Dauer aufrechterhalten könnten. Die menschliche Natur ist nicht ausgeglichen, sondern auf Ausgleich bedacht!

❑ Die Neigung zum Ausgleich ermöglicht es dem Menschen, mit seiner Energie sehr rationell umzugehen. Für jede Aufgabe setzt der Körper bzw. das Bewußtsein nur so viel Kraft ein, wie notwendig ist. Bei schwierigeren Aufgaben meldet sich die Neigung zum Ausgleich eher als bei leichteren. Je anstrengender eine Aufgabe ist, desto präziser bestimmt die Neigung zum Ausgleich das Verhalten von Körper und Bewußtsein.

❑ Es gibt jedoch ein Intervall des Energieverbrauchs, innerhalb dessen die Neigung zum Ausgleich passiv bleibt.

Biochemische und physiologische Prozesse sind im menschlichen Körper durch eine Vernetzung von Rückmeldungen miteinander verbunden. Wenn jemand z. B. Fahrrad fahren möchte, beschleunigt sich sein Herzrhythmus schon bei dem Gedanken daran. Ein starkes, unerwartetes und plötzlich auftauchendes Geräusch verursacht eine Kette akuter Streßreaktionen. In einem Fischladen ohne Klimaanlage kann ein bestimmter Geruch bei der Temperatur von 35 °C bei jemandem starke Übelkeit und Brechreiz verursachen. Voraussetzung dafür wäre, daß der Gestank intensiv genug und der Geruchssinn der betreffenden Person völlig intakt ist. Wenn aber die Tendenz zum Ausgleich nicht angesprochen würde, käme es in diesen Situationen nicht zu derartigen Reaktionen

❑ Der Mensch lebt als geschlossenes System, und alle Prozesse in diesem System sind miteinander verbunden. Die Neigung zum Ausgleich wird in verschiedenen Organen so umgesetzt, daß jede Veränderung eines Prozesses andere Prozesse und Organe beeinflußt. Ein Wanderer kann von einem "bösen" Wind "erwischt" werden und sich dadurch eine Erkältung zuziehen. Er beginnt zu frieren und sich schwach zu fühlen; er hat keinen Appetit mehr, seine Nase läuft, sein Brustkorb brennt: Alle körperlichen Prozesse verändern sich kettenweise. Es geht ihm schlecht!

❑ Die Neigung zum Ausgleich ist im ganzen Menschen wie auch bei einzelnen Lebensprozessen vorhanden. Sie betrifft, wie das vorgenannte Beispiel zeigt, den Wanderer als ganzen Menschen: Er will wieder gesund werden. Sie ist aber auch bei jedem einzelnen Prozeß erkennbar: Der Wanderer will sich aufwärmen und ausruhen, die Hitze aus dem Brustkorb vertreiben und nicht mehr niesen.

Neigung zum Ausgleich – eine angeborene Neigung

Lebensprozesse, die auf der Grundlage der Neigung zum Ausgleich ablaufen sollten, verlaufen häufig anders. Allerdings

weist die Tatsache, daß sich einige Lebensprozesse bei vielen
Menschen mit zunehmendem Alter verändern, darauf hin, daß
das Leben in erster Linie durch eine angeborene Neigung bestimmt wird und daß sich diese Neigung später durch verschiedene Faktoren krankhaft verändert.

Ich habe zwar keinen echten wissenschaftlichen Beweis, wie
etwa ein kontrolliertes Experiment, dafür gefunden, daß die Neigung zum Ausgleich angeboren ist; aber der Gedanke, daß dies
der Fall ist, wird durch einige Theorien sowie viele Lebenser-
eignisse gestützt.

Wie ich überhaupt auf die Idee kam, die angeborene Neigung zum Ausgleich zu therapeutischen Zwecken einzusetzen,
kann man aus der folgenden Geschichte ersehen:

Eine alte Dame mit Bluthochdruck

Einmal behandelte ich eine Dame, die in verschiedenen
Situationen panische Ängste entwickelte. Die Ängste traten nicht
regelmäßig auf. Ihr wurde tagsüber ganz plötzlich und unerwartet schwindlig. Das geschah sowohl wenn sie aufgeregt als
auch wenn sie ruhig war, morgens wie abends, beim Essen wie
beim Spazierengehen, während einer angenehmen Unterhal-
tung wie beim Fernsehen. Nach 5 Sitzungen gelang es mir, ihre
panischen Ängste soweit abzubauen, daß sie leichter damit leben konnte; Schwindelgefühle und innere Unruhe aber blieben.

Nach einigen Jahren kam sie wieder, dieses Mal halb ge-
lähmt. Sie hatte Schwierigkeiten beim Sprechen und konnte nur
mit Hilfe eines Stocks gehen. Ich fragte sie, wie sie sich fühle
und erhielt zur Antwort, die Unruhe und Schwindelgefühle sei-
en immer noch da, und sie seien sogar etwas unangenehmer
geworden.

Sie war oft und gründlich ärztlich untersucht worden. Alle Ergebnisse waren negativ, und man hatte keine Störung feststellen können. Ich vermutete, zum ersten Mal in meinem Leben, daß die angeborene Neigung zum Ausgleich gestört sei. Damals war mir keine spezielle Methode bekannt, um die angenommene Störung zu beseitigen. Beim zweiten Gespräch trafen wir die Entscheidung, vieles in ihrem Leben dauerhaft zu verändern.

Einige Monate vergingen. Sie hörte auf zu rauchen und begann sich anders zu ernähren. Fleisch aß sie nur noch einmal wöchentlich. Ihre Hauptnahrungsmittel wurden Getreide, Kartoffeln, Hülsenfrüchte, Gemüse und Obst. Sie verzichtete auf Tee, Kaffee und Süßigkeiten. Statt fernzusehen, begann sie zu lesen. Sie machte regelmäßig Spaziergänge nach ganz genau vorgeschriebenen Anweisungen. Morgens übte sie Yoga, und während des Tages trainierte sie ständig eine gesunde, wache Lebenseinstellung.

Drei Monate brauchte sie, um die erste Besserung zu spüren. Sie hatte Krisen und dachte am Anfang, sie hielte das nicht aus. Heute ist sie 74 und hat Freude am Leben. Sie nimmt keine Medikamente mehr. Seit Jahren verspürt sie kein Schwindelgefühl und keine Ängste mehr und fühlt sich ruhig und ausgeglichen.

Es läßt sich zwar wissenschaftlich nicht nachweisen, daß bei der alten Dame eine angeborene Neigung zum Ausgleich aktiviert wurde, es wäre aber auch schwierig, den Beweis dafür zu erbringen, daß diese Neigung nicht aktiviert wurde.

KAPITEL 5

DIE NEIGUNG ZUM AUSGLEICH SETZT SICH VON ALLEIN UM

DAS dritte Atosprinzip lautet: Die angeborene Neigung zum Ausgleich setzt sich von allein um. Voraussetzung ist allerdings, daß sie nicht blockiert wird. Blockaden kommen jedoch mit zunehmendem Alter bei Erwachsenen häufig vor. Viele Gewohnheiten und auch Kenntnisse können blockierend wirken. Alkoholabhängigkeit, Drogensucht, Trägheit, Eheprobleme und die sogenannte "Managerkrankheit" sind nur wenige Beispiele für die Einflüsse, welche die Neigung zum Ausgleich daran hindern, sich von allein umzusetzen.

Wenn ich sage, daß sich die Neigung zum Ausgleich von allein umsetzt, meine ich, daß sie wie ein selbstregulierendes System funktioniert. Ein Beispiel für ein selbstregulierendes System ist die Fähigkeit des Menschen, eine relativ stabile Körpertemperatur aufrechtzuerhalten.

Alkoholismus und Ausgleich

Einmal hatte ich einen Patienten, der trank. Der Alkoholismus zerstörte schließlich seine Familie. Seine Frau wandte sich einem anderen Mann zu, seine Kinder mieden ihn, und er trank immer mehr. Schließlich verlor er seine Arbeit, die Freunde liefen ihm weg, und er wurde sehr depressiv. Ich nahm an, daß bei ihm die Neigung zum Ausgleich durch seinen exzessiven Alkoholkonsum blockiert wurde und überlegte mir, wie ich diese Blockade lösen könnte.

Mit Hilfe der Rational-Emotiven Verhaltenstherapie lernte er nicht nur einzusehen, daß sein Alkoholismus viele Probleme verursachte, sondern er konnte diese Einsicht auch in die Praxis umsetzen. Nach dem zweiten Gespräch hörte er auf zu trinken und begann, sein Leben wieder in die Hand zu nehmen. Um überprüfen zu können, ob der Ausgleich des Bewußtseins "von allein" erfolgte, schlug ich ihm vor, jeden Tag mehrmals eine leichte mentale Übung zu machen, die nur darin bestand, seine Körperteile in einer bestimmten Reihenfolge wahrzunehmen. Dabei sollte er "Wach wie ein auf Beute lauernder Tiger sein" und gleichzeitig "gelassen wie jemand, der nichts zu verlieren hat". Inzwischen war seine Motivation, sich endgültig von seiner Alkoholsucht zu befreien, sehr stark. Er übte nach meinen Anweisungen, was, wie er sagte, seine verschütteten Bedürfnisse wieder aufleben ließ. Er begann, wieder Briefe zu schreiben und den Kontakt mit seinen Kindern zu pflegen, Schach zu spielen und ins Theater zu gehen. Allmählich kehrte der Glanz in seine Augen zurück, und sein Auftreten wurde selbstsicherer. Nach zwei Jahren kam auch seine Frau zu ihm zurück. Ich gehe davon aus, daß die einfache Wahrnehmungsübung seine Blockaden aufgehoben hat, so daß die unterschwellig vorhandene Neigung zum Ausgleich wieder aktiviert wurde, eine Erfahrung, die viele mit der Atosmethode gemacht haben. Nachdem mein Patient das Trinken mit Hilfe der Rational-Emotiven Verhaltenstherapie aufgegeben hatte, brachte ihm die Atosmethode den dauerhaften Erfolg.

Bewußtsein und Ausgleich

Dhaly Charma machte mich mit der Lehre des Tao bekannt. Ich hätte sie mir auch aus Büchern aneignen können, er aber empfahl mir, kein Buch über Tao, Meditation, traditionelle tibetisch-chinesische Heilkunde oder östliche Philosophie zu lesen, bis meine Lehrzeit bei ihm beendet sei. Ich befolgte seine Anweisungen nur zum Teil und deutete sie mir so, daß mein Geist die Lehren Dhaly Charmas unvoreingenommen aufnehmen sollte. Zur Ergänzung las ich Bücher über östliche Philosophie. Ansonsten wartete ich ab, was sich für mein Leben aus der gesamten Erfahrung mit Dhaly Charma und aus der Beschäftigung mit diesem Thema ergeben würde. Darin sollte die eigentliche Überprüfung bestehen. Besonders beeindruckten mich die Auswirkungen, die ich im Laufe der Zeit dank der von Dhaly Charma vorgeschlagenen Meditationen an mir selbst erfahren hatte.

Ein vorasthmatischer Zustand und die Meditation

Der Vorfall, an den ich denke, ereignete sich Ende 1966. Ich war Schüler am Gymnasium. Ein Cross-Lauf über 1600 m sollte für die Note im Sportunterricht gewertet werden. Gut vorbereitet durch tägliche Trainingsläufe über 2 bis 3 km, konnte ich mit einem Platz unter den zehn Besten rechnen.

Die ersten 500 Meter überwand ich sehr leicht, auf dem zweiten Drittel der Strecke stellten sich Atemschwierigkeiten ein, und 200 Meter vor dem Ziel war ich am Ende! Meine Lungen versagten, meine Bronchien wurden enger und enger, und ich hatte das Gefühl, bald zu ersticken. Das Ziel erreichte ich, um Luft kämpfend, als vorletzter.

Vier Jahre später – während des Studiums – traten bei mir ernsthafte Gesundheitsprobleme auf. Im Frühling erkältete ich mich, und trotz starker Antibiotika klangen Schnupfen und Bronchienentzündung, mehr oder weniger ausgeprägt, bis zum Ende des Sommers nicht ab. Erst zwei Jahre später stellte man fest, daß ich allergisch auf Pollen reagiere. In einer Spezialklinik für Atemkrankheiten sagte man mir, ich befände mich in einem vorasthmatischen Zustand und müsse lebenslang Kortison nehmen. Man eröffnete mir auch, daß ich mindestens einmal jährlich mit einem mehrwöchigen Aufenthalt in dieser Klinik rechnen müsse. Außerdem würde ich die Klinik im Laufe der Zeit immer öfter aufsuchen müssen, weil sich mein Zustand trotz aller Therapien verschlechtern werde!

Als ich Dhaly Charma davon erzählte, erklärte er, ich hätte noch eine Chance; sie bestehe aus einem besonderen Geistestraining, aber er könne nicht dafür garantieren, daß ich fähig sei, meinen Geist so zu kräftigen, daß meine Allergie verschwinden würde.

Die erste Übung bestand darin, meinen Atem mindestens fünf Minuten lang ununterbrochen zu beobachten. Nach einem Monat sollte ich dasselbe 10 Minuten lang tun. Jeden Monat verlängerte sich die Zeit, so daß ich meinen Atem nach einem Jahr zwei Stunden täglich beobachten konnte. Ich spürte die ersten Anzeichen einer Besserung: Wenn ich in Atemnot geriet, konnte ich mich allein durch Konzentration von der Beklemmung befreien. Dann kam der entscheidende Augenblick: Statt mich weiter mit meinem Atem zu beschäftigen, sollte ich in meiner Phantasie immer weiter in die Ferne gehen und versuchen, das Endlose zu erreichen. Ich brach dann im Geiste auf, aber es gelang mir nie, bis ans Ende zu kommen.

26 Jahre vergingen. Ich war kein einziges Mal mehr in der erwähnten Klinik, obwohl ich noch jahrelang gegen die Pollenallergie zu kämpfen hatte. Zwar mußte ich während der Pollenzeit noch mindestens zehn Jahre immer wieder niesen, und mei-

ne Bronchien reagierten auf Getreidepollen, aber mein Allgemeinzustand besserte sich zunehmend: Vor 19 Jahren begann ich zu joggen. Nach zwölf Monaten schaffte ich 25 km ohne Unterbrechung. Vier Jahre später lief ich 20 km am Tag. Zur Zeit jogge ich täglich 8 bis 10 km. Und noch immer sehne ich mich nach dem Endlosen, obgleich ich nicht mehr das Gefühl habe, irgendwohin gehen zu müssen.

Dhaly Charma erklärte mir, daß gesund zu sein eine angeborene Neigung aller Menschen sei und daß sich diese Neigung unter bestimmten Voraussetzungen aktivieren ließe. Notwendige, aber nicht ausreichende Voraussetzung dafür sei, daß man seine Aufmerksamkeit unter Kontrolle habe. Deshalb bestand mein Geistestraining in der Beobachtung meines Atems. Nachdem ich gelernt hatte, meinen Geist zu beherrschen, sollte ich ihm die Möglichkeit geben, ausgleichend zu funktionieren. Hätte ich mich weiter mit meinem Atem beschäftigt, hätte ich meine wahre Natur dadurch weiter blockiert. Stattdessen überließ ich es meinem Geist, seinen eigenen heilenden Weg zu finden.

Ob sich die angeborene Neigung zum Ausgleich verwirklicht oder ob eine erlernte Neigung zum Ausgleich aktiv wird, kann man leicht unterscheiden, indem man überprüft, ob die Neigung sich von allein umsetzt, oder ob sie bewußt durch Manipulation des Geistes hervorgerufen wird. Setzt man z. B. Autosuggestion ein, ist man bereits ziemlich "vorbelastet", und die angeborene Neigung zum Ausgleich hat statt einer zwei Aufgaben:

❑   sich zu aktivieren
        und
❑   die Autosuggestion zu bekämpfen.

Nur sehr selten löst die Autosuggestion genau die gleiche Wirkung aus wie die angeborene Neigung zum Ausgleich.

Wie wir gesehen haben, läßt sich dieses Kriterium auf viele Neigungen anwenden, aber nicht auf alle. Beim Ausgleich handelt es sich nur um eine Neigung und nicht um eine Gesetzmäßigkeit. Bei den meisten Menschen ist die Neigung zum Ausgleich den anderen, ebenfalls angeborenen Neigungen übergeordnet.

Die angeborene Neigung zum Ausgleich hat viele Erscheinungsformen. Diese Erscheinungsformen lassen sich auf die Neigung zum Ausgleich zurückführen. Wird sie angesprochen, meldet sie sich bei vielen Menschen automatisch. Diese Automatik funktioniert jedoch nicht immer. Bei manchen Menschen sind andere angeborene Neigungen stärker oder sind sie im Laufe des Lebens stärker geworden. In jedem Fall ist die Neigung zum Ausgleich eine grundsätzliche Eigenschaft des Lebens, was durch die Forschungsergebnisse vieler Wissenschaftler bestätigt wird.

Wenn J. Piaget über die mentale Entwicklung spricht, benutzt er den Begriff "Equilibration" für einen Vorgang, der automatisch die erforderliche Anpassung an die Wirklichkeit auslöst. Nach Piaget entwickelt sich die Intelligenz in mehreren Stadien, da bei der Entwicklung der Intelligenz drei nacheinander verlaufende Prozesse stattfinden, nämlich Assimilation, Akkommodation und Equilibration. Bei der Assimilation nimmt das Kind nur die Reize wahr und lernt die Wirklichkeit kennen. Bei der Akkommodation passen sich die mentalen Schemata dem Wahrgenommenen an, um die Wirklichkeit besser zu verstehen. Die Akkommodation kann jedoch auch umgekehrt verlaufen: Das Kind kann im Gegensatz zur Wirklichkeit das Wahrgenommene verändern, um es dem vorhandenen mentalen Schema anzupassen. Wenn der Unterschied zwischen Wirklichkeit und vorhandenen mentalen Strukturen so groß wird, daß sich das Kind in einem dauerhaften inneren Konflikt befindet, meldet sich die angeborene Neigung zum Ausgleich, um den Konflikt zu lösen, d. h., es entsteht ein neues Erklärungsmuster für die Wirklichkeit. Diesen Prozeß des Ausgleichs auf einer neuen Ebene hat Piaget als Equilibration bezeichnet, was nichts anderes als Verwirklichung der angeborenen Neigung zum Ausgleich bedeutet.

Ein Beispiel für Assimilation ist, wenn ein Kind Spielsachen auf den Boden wirft oder fallen läßt. Das geschieht, um die entstandenen Geräusche kennenzulernen. Eltern sollten diesen Zusammenhang kennen und richtig reagieren. Einige bringen dem Kind das Spielzeug noch einige Male zurück. Danach lassen sie das Spielzeug auf dem Boden liegen. Andere verlieren schon beim ersten Mal die Geduld und nehmen dem Kind das Spielzeug weg. Nur die wenigsten geben dem Kind das Spielzeug immer wieder zurück und helfen dadurch, die Entwicklung des Kindes zu beschleunigen.

Was Akkommodation bedeutet, kann man leicht an folgendem Experiment sehen: Der Experimentator zeigt einem Kind zwei gleiche Blätter Papier und fragt es, ob sie die gleiche Größe haben. Wenn das Kind dies bejaht, knüllt er ein Blatt Papier zusammen und formt daraus einen Ball. Auf die Frage, ob die beiden Blätter jetzt auch noch gleich groß seien, kann das Kind zweierlei antworten: Sagt es, daß das ballförmige Papier kleiner sei, paßt es das Wahrgenommene der vorhandenen Erfahrung an, es akkommodiert das Wahrgenommene entgegen der Realität den eigenen mentalen Strukturen. Nach der Entwicklungstheorie von Piaget heißt das "Akkomodation der Dinge". Sagt das Kind aber, daß beide Blätter gleich groß seien, paßt es sein eigenes Schema dem Wahrgenommenen an, was man nach der Piagetschen Theorie wiederum als "Akkomodation der mentalen Struktur" bezeichnet.

Würde das Kind im Laufe der Zeit immer mehr Dinge den eigenen mentalen Strukturen anpassen, entstünde eine Disharmonie zwischen der Wirklichkeit des Kindes und seinen mentalen Strukturen. Um dies zu verhindern und den richtigen Bezug zur Realität zu sichern, werden durch den Prozeß der Equilibration die mentalen Strukturen des Kindes automatisch so verändert, daß es alle Aufgaben gleicher Art lösen kann.

Aufgaben gleicher Art wären z. B. folgende:

❑ In zwei Reihen befinden sich gleichmäßig verteilt jeweils 10 Punkte. Eine der beiden Reihen ist länger als die andere. Eine Equilibration hat stattgefunden, wenn das Kind antwortet, es gibt in beiden Reihen gleich viele Punkte.

❑ In zwei Reihen befinden sich zehn Punkte. Die Reihen sind von gleicher Länge, wobei in einer Reihe die Punkte größer sind als in der anderen. "Die Reihen sind gleich", ist die Antwort, die auf eine Equilibration hindeutet.

❑ Der Experimentator zeigt dem Kind zwei Bälle aus Lehm, die von gleicher Größe sind. Danach quetscht er einen Ball breit und formt daraus einen Fladen. Wenn das Kind antwortet, daß die beiden Gegenstände aus Lehm noch immer gleich groß sind, handelt es sich um Equilibration.

Wenn das Kind einige der aufgezählten Aufgaben richtig beantwortet und andere falsch, bedeutet dies, daß bei ihm noch keine Equilibration stattgefunden hat, sondern daß nur eine Akkommodation der mentalen Strukturen bei richtig gelösten Aufgaben bzw. eine Akkommodation der Dinge bei falsch gelösten Aufgaben erfolgt ist.

Sowohl Akkommodation als auch Equilibration sind Prozesse, die dem Begriff "Ausgleich" entsprechen. Sie unterstützen den Gedanken, daß die angeborene Neigung zum Ausgleich sich von allein umsetzt, und nicht nur das. Sie sind nichts anderes als Erscheinungsformen der angeborenen Neigung zum Ausgleich. Viele Wissenschaftler haben beide Prozesse erforscht und die obenerwähnten Fakten nachgewiesen. (Driscoll, 1994)

Daß die angeborene Neigung zum Ausgleich sich von allein umsetzt, ist offensichtlich. Dafür sprechen z. B. die Theorie der kognitiven Dissonanz und das Prinzip der Homöostase. Wenn sich aber die angeborene Neigung zum Ausgleich von allein umsetzen kann, stellt sich die Frage, warum das nicht bei allen Menschen der Fall ist? Um dies beantworten zu können, müssen wir analysieren, in welchem Verhältnis beim Menschen Erlerntes und Angeborenes zueinander stehen.

Blokade der Neigung zum Ausgleich

Die angeborene Neigung zum Ausgleich kann theoretisch auf zweierlei Weise aktiviert werden:

- ❑ Sie kann sich nach einer Auflösung der Blockaden "von allein" aktivieren,
- ❑ Sie kann aber auch durch bestimmte Reize aktiviert werden.

Beweise für die erste Möglichkeit habe ich bereits genannt. Im folgenden werde ich erläutern, was dafür spricht, daß die angeborene Neigung zum Ausgleich durch verschiedene Reize aktiviert werden kann:

I. P. Pawlow hat unter anderem den sogenannten Orientierungsreflex entdeckt, der besagt, daß verschiedene Lebewesen
bestimmte Reize gegenüber anderen, gleichzeitig vorhandenen
Reizen bevorzugen. Befindet sich z. B. ein Hund in einer Gaststätte, in der gleichzeitig viele Reize auf ihn zukommen (Musik,
Gesprächsfetzen, Geschirrklappern, Autolärm, zeitweise auch das
Bellen anderer Hunde), so wird dieser Hund nur auf das Bellen
achten und die anderen Reize ignorieren, obwohl sie intensiver
als das Bellen sein können. Wer glaubt, daß der Orientierungsreflex nur bei Tieren vorkommt, sollte sich an eine wohlbekannte
Situation erinnern: Eine Frau sieht mit ihrem Ehemann fern;
ein spannender Krimi läuft. Plötzlich steht die Frau auf und
verläßt das Zimmer. Ihr Baby hat angefangen zu weinen!

Ein Orientierungsreflex kann sowohl erlernt als auch angeboren sein. Beim Menschen sind die dem Orientierungsreflex
ähnelnden oder entsprechenden Reaktionen die sogenannten
bedingten und unbedingten Reflexe. Wir werden später noch im
einzelnen darauf eingehen; hier möchte ich nur festhalten, daß
die Wichtigkeit eines Reizes und seine Neuheit bestimmen, ob
wir ihn wahrnehmen und auf ihn reagieren und ob wir diesem
Reiz, auch wenn er nur schwach ist, den Vorzug geben.

Man könnte meinen, daß bei manchen Menschen die Neigung zum Ausgleich fehlt und daß sie stattdessen die Neigung
verspüren, sich selbst zu stören, wie z. B. bei Zwangsneurosen.

Einmal kam ein Mann in meine Praxis, der an einer Zwangsneurose litt. Die Zwangsneurose bestimmte sein gesamtes Befinden. Als ich mich jedoch mit seinem Problem befaßte, gelang
es mir nach einer Weile, bei ihm die vorhandene Neigung zum
Ausgleich zu aktivieren.

Der Mann, der seine Hände 500 mal
waschen mußte

Als er die Tür zu meiner Praxis öffnete, fiel mir auf, daß er in einer Hand ein Taschentuch hielt. Die andere Hand war rot, fast durchsichtig und die Haut so dünn, als bestünde sie aus Schleimhaut, und als ich ihm die Hand geben wollte, um ihn zu begrüßen, tat er so, als habe er nichts bemerkt und schaute sich gleich nach einem Stuhl um.

Im anschließenden Gespräch erfuhr ich, daß mein Patient Angst hatte, etwas Schmutziges zu berühren. Die Tür faßte er nie mit der Hand an, sondern mit einem Taschentuch; trotzdem bat er um Erlaubnis, seine Hände in der Praxis "sauberzumachen". Ich vermutete eine interessante Szene und war gespannt, was geschehen würde.

Er nahm eine Schachtel mit Seife aus seiner Tasche. Dreimal seifte er seine Hände ein. Danach griff er zu einer Lampe, mit der er seine Hände beleuchtete. Obwohl keine Spur von Unsauberkeit mehr vorhanden war, wiederholte er die Untersuchung, dieses Mal jedoch mit Hilfe einer Lupe. Er tat das sehr sorgfältig und entschuldigte sich mehrmals bei mir. Auf meine Frage, ob er etwas gefunden habe, antwortete er "nichts", aber er wisse, daß Seife manchmal Mikroorganismen enthielte und daß er deshalb seine Hände gleich desinfizieren müsse.

In seiner Tasche lagen mehrere Fläschchen mit hundertprozentigem Alkohol. Er desinfizierte seine Hände zweimal und fragte anschließend, ob er den Stuhl, den ich ihm anbot, auch desinfizieren dürfe. Er werde dazu den mitgebrachten Alkohol verwenden, weil er nicht wisse, ob die Person, die vor ihm auf dem Stuhl gesessen habe, an AIDS oder Syphilis erkrankt sei. (Eine dieser beiden Krankheiten hätte es sein müssen!).

Nach mehreren therapeutischen Gesprächen entschied ich mich, die Atosprinzipien einzusetzen. Ich wollte seine angeborene Neigung zum Ausgleich aktivieren. Ich dachte, wenn die

Atosprinzipien in einer gewissermaßen "kritischen" Situation funktionierten, könnten sie sich auf alle seine Lebenssituationen übertragen lassen. Unter dem Begriff "kritische Situation" verstehe ich zwanghaftes Verhalten und zwanghafte Gedanken.

Ich erklärte ihm die Atostheorie, was ihn überzeugte, daß es sich lohne, an der eigenen Veränderung zu arbeiten. Er begriff, daß alle Menschen außer der Neigung zum Ausgleich noch weitere angeborene Neigungen haben, unter denen sich auch krankhafte Neigungen befinden können. Im Laufe der Gespräche lernte er seine Krankheit zu akzeptieren und begann dadurch, weniger zu leiden. Außerdem schöpfte er zum ersten Mal Hoffnung, sich von seinen sinnlosen Ritualen befreien zu können.

Nach 94 Tagen hatte er alle seine Rituale bis auf eins aufgegeben und sich praktisch von seiner Krankheit befreit. Darauf entschieden wir uns, an der Aufrechterhaltung der wiederhergestellten Neigung zum Ausgleich zu arbeiten.

Meine Erfahrung mit dem "Mann, der seine Hände 500 mal waschen mußte" hat mich veranlaßt, nach den Ursachen für Blockaden der angeborenen Neigung zum Ausgleich zu suchen. Blockierend wirken können:

❏ Gewohnheiten
❏ Gefühle
❏ Einstellungen
❏ Krankheiten, Verletzungen
❏ Nahrung, Medikamente, Alkohol und andere Rauschmittel
❏ äußere Faktoren

1. Gewohnheiten

Für ein Seminar über Hypnose habe ich einen Artikel mit dem Titel "Der Geist der Hypnose" veröffentlicht, der auch meinen Ansatz zum Thema "Gewohnheiten" enthält. Das Folgende ist ein Auszug daraus mit einigen Ergänzungen.

Der Geist der Hypnose

Die Meinung vieler ist, daß sich jemand, der hypnotisiert wurde, in einem besonderen Bewußtseinszustand befindet. Einige nennen diesen Zustand "hypnotischen Bewußtseinszustand". Andere, wie z. B. die Anhänger des Neurolinguistischen Programmierens (NLP), bezeichnen ihn als Trance. Ich werde darlegen, daß der alltägliche Bewußtseinszustand des Menschen eigentlich ein hypnotischer Bewußtseinszustand ist und daß Hypnose nur eine Verstärkung und Vertiefung desselben darstellt. Darüber hinaus bin ich der Auffassung, daß der alltägliche wie der hypnotische Zustand des Bewußtseins nur unterschiedliche Ebenen des gleichen Bewußtseinszustandes repräsentieren. Ich werde auch erläutern, welcher Bewußtseinszustand dem Gegenteil des alltäglichen Bewußtseinszustandes entspricht. Zu diesem Zweck werde ich einige neue Begriffe einführen und erklären, so daß wir ein System aufbauen, das uns ermöglicht, sowohl Selbsthypnose als auch Hypnose leichter zu verstehen und anzuwenden.

Was ist Hypnose?

Viele Menschen glauben, die Hypnose sei ein Verfahren, durch das der Hypnotiseur das Medium in einen besonderen

Bewußtseinszustand versetzt, so daß es seine Identität verliert und alles tut, was der Hypnotiseur ihm befiehlt. Laien beziehen ihr Wissen über Hypnose aus Erfahrungen im Zirkus oder aus Büchern. Im Gegensatz dazu gibt es Fachleute, die Hypnose als eine geeignete therapeutische Methode anwenden, die anderen Menschen hilft, Störungen zu überwinden oder Fähigkeiten und Potentiale zu aktivieren und die Leistung zu erhöhen. Aber was ist Hypnose wirklich, und was unterscheidet unser Alltagsbewußtsein vom Zustand der Hypnose?

Autofahren wird im Laufe der Zeit zur Routine. In einer kritischen Situation laufen schnelle Reaktionen ab, die in den meisten Fällen durch unsere Gewohnheiten bedingt sind. Wenn wir ein Buch lesen oder uns einen Film anschauen, werden wir vom Inhalt gefesselt. Statt in der Gegenwart leben wir dann in der Handlung des Films oder Buches. Beim Essen achten wir selten auf die Zusammensetzung der Speisen; Hunger oder unsere Eßgewohnheiten leiten uns.

Sind wir uns also unserer täglichen Aktivitäten bewußt? Die Antwort lautet: überwiegend nein! Wir sind uns ihrer nur selten bewußt! Erst in einem Bewußtseinszustand, in dem wir den Grad unseres Wachseins erhöhen – d.h. erst, wenn wir wacher werden – bemerken wir, daß wir uns normalerweise in einer alltäglichen Trance befinden, in der wir von äußeren Ereignissen, Reizen, Situationen und unkontrollierten automatischen Gedanken bestimmt werden. Wo ist also der Unterschied zwischen einer Hypnose-Sitzung, in der jemand durch den Hypnotiseur beeinflußt wird, und unserem täglichen Leben, in dem wir von Situationen, Reizen und unseren unkontrollierten automatischen Gedanken bestimmt werden? Der Unterschied besteht allein darin, daß bei der Hypnose Situation, Reize und Wirkungen vom Hypnotiseur absichtlich herbeigeführt werden. Was ist dann Hypnose? Sie ist nur eine Vertiefung unseres alltäglichen Bewußtseinszustandes. Wenn wir das wissen, wird klar, daß theoretisch jeder Mensch hypnotisierbar ist und daß jeder Mensch sich auch selbst hypnotisieren kann. Es gibt Dinge, die wir zwar tun wollen, die wir aber nur dann tun können, wenn wir unsere alltägliche Trance vertiefen oder wenn wir es unseren Gewohnheiten bzw. unseren automatischen Gedanken überlassen, die Führung zu übernehmen. Haben wir das erkannt, schließt sich gleich die Frage an: Warum können einige Personen fast nie hypnotisiert werden?

Die Antwort ist einfach: Weil diese Personen Angst haben, ihre Selbstkontrolle zu verlieren! In dem Moment, in dem sie denken, daß sie hypnotisiert werden könnten, entwickeln sie automatisch einen Widerstand, der eine spontane Reaktion des Bewußtseins hervorruft. Wenn ich sage: "Denken Sie in den nächsten fünf Minuten nicht an kleine weiße Elefanten!", werden Sie genau daran denken! Das Bewußtsein kennt keine Negierung.

Geteiltes Bewußtsein

Der Mensch kann die Möglichkeiten seines Bewußtseins effektiv nutzen oder sich in der alltäglichen Trance dahintreiben lassen. Um unsere Potentiale richtig einzusetzen, wäre es gut, die Gesetzmäßigkeiten zu kennen, nach denen das Bewußtsein funktioniert. Unsere Reaktionen und unser Verhalten werden sowohl von unseren erlernten Gewohnheiten oder unserer Erfahrung bestimmt als auch von unseren angeborenen Neigungen

oder Fähigkeiten. Das sind zwei entgegengesetzte Pole. Das Verhalten ist das Resultat daraus, eine Kombination dieser Faktoren.

Im Prinzip gibt es vier mögliche Kombinationen von angeborenen Reaktionen und erlernten Gewohnheiten. Diese Kombinationen entscheiden auch über die Eignung eines Menschen
für die Hypnose.

Die erste Möglichkeit lautet:

Angeborene Antworten und erlernte Gewohnheiten können
im Einklang stehen; eine solche Person ist motiviert, ihre selbst
gesetzten Ziele zu erreichen. Sie lebt einfach aktiver.

Die zweite Möglichkeit:

Die erlernten Gewohnheiten sind stärker als die angeborenen Antworten; dadurch werden die angeborenen Antworten
blockiert. Eine solche Person verhält sich passiv, also introver-
tiert, träge und lethargisch.

Die dritte Möglichkeit:

Weder angeborene Antworten noch erlernte Gewohnheiten
dominieren, die Person verharrt in einem inneren Konflikt. Sie
verhält sich in vielen Situationen unentschlossen und neigt dazu,
ein schlechtes Gewissen zu haben. Sie grübelt auch oft über die
Vergangenheit nach, um zu überprüfen, ob sie sich richtig verhalten hat. Der Hypnotiseur sollte zuerst das Vertrauen dieser
Person gewinnen, damit sie bereit ist, mit ihm zusammenzuar-
beiten.

Die vierte Möglichkeit:

Die angeborenen Antworten sind stärker als die erlernten
Gewohnheiten. Die angeborenen Antworten können nur dann
stärker als Gewohnheiten sein, wenn sie sich den Gewohnhei-

ten entgegenstellen. Theoretisch kommt diese Kombination bei Menschen vor, die den Weg zur angeborenen Neigung zum Ausgleich gefunden haben, ihn aber noch nicht eingeübt und verinnerlicht haben.

Die ersten beiden Gruppen sind für Hypnose geeignet. Die dritte Gruppe ist für Hypnose wenig geeignet, da Personen, die ihr angehören, Angst haben, die Kontrolle über sich zu verlieren. Die vierte Gruppe existiert nur theoretisch und muß daher nicht berücksichtigt werden.

Der meditative Bewußtseinszustand

In welchem Zustand befindet sich jemand, der nicht hypnotisiert ist? Wie wir gesehen haben, kann jemand entweder von einem Fachmann hypnotisiert werden oder sich im täglichen Leben von seiner Umgebung, von verschiedenen Situationen, Reizen oder anderen Menschen hypnotisieren lassen. Der Unterschied ist nur graduell. Das Gegenteil des hypnotischen Bewußtseinszustandes ist der meditative Bewußtseinszustand, was Bewußtheit der Realität bedeutet, in der jemand existiert. Wenn wir Auto fahren und nach einer Weile merken, daß wir müde und schläfrig werden, heißt das, daß wir die ganze Zeit beim Autofahren wie hypnotisiert waren. In dem Moment, in dem wir erkennen, daß wir müde oder schläfrig sind, haben wir uns vom hypnotischen Bewußtseinszustand befreit und sind in den meditativen eingetreten. Es gibt Menschen, die im täglichen Leben so wach sind, daß sie sich fast immer im meditativen Bewußtseinszustand befinden.

Der meditative Bewußtseinszustand ist keine Trance. Der hypnotische Bewußtseinszustand dagegen ist eine Trance. Men-

schen, die den meditativen Bewußtseinszustand erreicht haben
und ihr Leben durch ihr waches Bewußtsein bestimmen, können selbst entscheiden, welche Wirkungen ihrer Realität sie akzeptieren wollen. Sie können auch entscheiden, wie sie sich in
verschiedenen Situationen verhalten wollen. Diese Menschen haben genügend mentale Kraft, um auf die Entwicklung ihres Lebens langfristig Einfluß zu nehmen.

Es gibt verschiedene Gesetzmäßigkeiten, nach denen das
Bewußtsein funktioniert. Entsprechend sind auch verschiedene
Verfahren bekannt, nach denen eine Person wach werden, d.h.
sich von der alltäglichen Trance befreien kann. Wenn ich sage,
daß Hypnose der alltägliche Bewußtseinszustand ist, behaupte
ich nicht, daß wir hypnotisiert sind, wenn wir schlafen, sondern
daß wir hypnotisiert sind, wenn unser Verhalten, Denken und
Fühlen, unabhängig von unserem Willen, durch Reize bestimmt
wird, die wir wahrnehmen, oder von irgendwelchen Situationen,
von anderen Personen und von unseren Gedanken. Die Gesetzmäßigkeiten ermöglichen uns, andere Menschen, die wir erkennen, zu beeinflussen, wenn wir die Gewohnheiten dieser Menschen erkunden. Gewohnheiten und Denkweise anderer Menschen können wir so benutzen, daß wir ihren alltäglichen Bewußtseinszustand vertiefen und so eine tiefe Hypnose herbeiführen.

Die alltägliche Trance bezeichne ich als die lauwarme Trance, weil jemand, der sich in der alltäglichen Trance befindet, den
Eindruck hat, daß er sich seines Zustandes bewußt ist. Das ist
jedoch nicht der Fall, was man aus folgenden Beispielen leicht
ersehen kann.

❑ Autofahren ist eine Tätigkeit, die zunächst erlernt werden muß und erst später automatisch ausgeübt wird. Automatisches Bremsen in gefährlichen Situationen, auto-

matisches Steuern des Fahrzeuges, automatisches Einhalten des Abstandes sind nur einige Verhaltensweisen, die zu einer sicheren Fahrweise beitragen. Daher ist es empfehlenswert, die Gewöhnung an das richtige Verhalten zu fördern.

❏ Sprache dient dazu, Gedanken auszudrücken und mit anderen Menschen zu kommunizieren. Laut Jean Piaget ist die Sprache das Hauptwerkzeug des Denkens (Piaget: Psychologie der Intelligenz). Hat jemand die Regeln der Sprache richtig erlernt, so kann er auch richtig denken, obwohl es keine Garantie dafür gibt, daß jemand, der eine Sprache gut kennt, auch richtig denkt! Ziemlich sicher ist jedoch, daß jemand, der eine Sprache nie richtig erlernt hat, nicht richtig denken kann!

❏ Schreiben ist eine Gewohnheit, die mit der Persönlichkeit des Schreibers zusammenhängt. Unter "schreiben" verstehe ich in diesem Zusammenhang, eine Reihe von Buchstaben oder Zahlen zu Papier zu bringen und nicht die Fähigkeit des Schreibers, sich schriftlich auszudrükken. Würden wir nicht automatisch schreiben, so müßten wir jedes Mal, wenn wir etwas niederschreiben wollen, wie ABC-Schützen buchstabieren.

Die guten Gewohnheiten bringen uns mindestens folgende Vorteile:

❏ Sie melden sich in den Situationen, durch die sie konditioniert worden sind. So können wir die Verantwortung für einige unserer Handlungen der jeweiligen Situation überlassen.

❏ Haben wir etwas als Gewohnheit entwickelt, so können wir das wesentlich schneller.

❑ Gewohnheiten haben die Fähigkeit, sich auf Situationen zu übertragen, die wiederum den Situationen ähneln, in denen wir die ursprünglichen Gewohnheiten konditioniert haben. Je allgemeiner die Situation ist, desto leichter kann die Gewohnheit durch eine ähnliche Situation ausgelöst werden. Ein anschauliches Beispiel dafür ist jemand, der die Gewohnheit entwickelt hat, beim Lernen zuerst nach den wichtigsten Informationen zu suchen. Diese Gewohnheit zeigt sich auch in anderen Lebenssituationen, wenn derjenige, der diese Gewohnheit entwickelt hat, auch bei anderen Gelegenheiten zuerst nach den wichtigsten Informationen zu suchen beginnt.

Manche Gewohnheiten blockieren die angeborene Neigung zum Ausgleich, weil sie entweder andere angeborene Neigungen fördern oder unmittelbar gegen die angeborene Neigung zum Ausgleich wirken. Besonders eindrucksvolle Beispiele dafür sind unter anderem das Grübeln, Rauchen und Fernsehen, Gewohnheiten, die ich hier erläutern möchte.

❑ Grübeln ist die Gewohnheit, über etwas in unproduktiver, unnützer, sinnloser und selbstschädigender Weise nachzudenken oder zu reden. Das englische Wort für Grübeln ist "ruminate", was wörtlich übersetzt "wiederkäuen" heißt. Damit wird der Vorgang des Grübelns am besten charakterisiert. Kühe sind Wiederkäuer: zuerst grasen sie, dann ziehen sie sich zurück und beginnen in aller Ruhe, die aufgenommene Nahrung nochmals zu kauen. Menschen mit einer unbewältigten Erfahrung verhalten sich oft wie Kühe: Sie rufen das Erfahrene ab und beschäftigen sich ununterbrochen damit.

Die typische, auf die Vergangenheit bezogene Form des Grübelns äußert sich in der selbstzerstörerischen Frage "Warum". (Warum bin ich ein solcher Pechvogel? Warum passiert so etwas immer gerade mir? Warum regnet es ausgerechnet heute, wenn ich schönes Wetter brauche?)

Grübeleien über die Zukunft offenbaren sich in pessimistischen Feststellungen wie: Warum soll ich mich bemühen, ihre Zuneigung zu gewinnen, wenn ich sowieso keine Garantie habe, daß sie bei mir bleibt? Wieso gibt es keine Garantie? Es ist unfair und unerträglich, daß es so ist!

Grübeln verschafft uns in der Regel zwar kurzfristig Erleichterung, auf Dauer zerstören wir uns aber selbst, da wir uns immer wieder an das Unangenehme und nicht Gelöste erinnern. Je mehr wir grübeln, desto stärker beherrscht das Grübeln unser tägliches Leben. Mit der Zeit beginnen wir, uns wie eine "hilflose Ratte" zu verhalten.

M. Seligman (1976) dressierte in einem Experiment mehrere Ratten so, daß sie ihre Lernfähigkeit verloren. Zuerst setzte er sie in einen Käfig, den sie nicht verlassen konnten. Dort wurden sie schmerzhaften Reizen ausgesetzt. Anfangs versuchten sie, den schmerzhaften Reizen auszuweichen, mit der Zeit wurden sie jedoch immer passiver, bis sie schließlich ganz aufhörten, sich dagegen zu wehren. Von da an verhielten sie sich sehr untypisch für wilde Ratten. Wenn die Reize einsetzten, legten sie sich auf den Boden, stöhnten, weinten, urinierten und defäkierten. Als Seligman sie anschließend in einen offenen Käfig setzte, aus dem sie jederzeit entfliehen konnten, blieben sie dort sogar auch dann, wenn sie den schmerzhaften Reizen ausgesetzt waren!

Als man eine solche hilflose Ratte durch schmerzhafte Reize zwingen wollte, den Käfig zu verlassen, wehrte sie sich hartnäckig dagegen!

Grübeln ist für den Menschen nichts anderes, als es schmerzhafte Reize für eine hilflose Ratte sind: Verschiedene Situationen lösen die grüblerischen Gedanken aus, und die lauwarme Trance des Grübelns kann beginnen!

❏ Rauchen – eine gesundheitsschädliche Gewohnheit, steht im Brennpunkt der Gesundheitsziele für das Jahr 2000. Es kommt an dritter Stelle (gleich nach Bewegungsmangel und falscher Ernährung und vor Alkohol, Drogen und Gewalt). In den Ländern der Dritten Welt rauchen mehr als 40 % der Bevölkerung, in Europa und USA dagegen nur 30 %. Obwohl die Folgen des Rauchens bekannt sind und die negative Wirkung des Nikotins auf das Nervensystem wissenschaftlich nachgewiesen wurde, findet man immer wieder Raucher, die glauben, daß diese Fakten nichts aussagen ("...weil sie jemanden kennen, der lebenslang geraucht hat, siebenundachtzig Jahre alt ist und immer noch raucht!").

Rauchen wird durch verschiedene Situationen konditioniert; dadurch haben unterschiedliche Reize die Kraft, das Bedürfnis nach einer Zigarette auszulösen. Der Raucher wird so zum Sklaven seiner Lebensumstände.

❏ Fernsehen kann manchmal sehr nützlich sein. Trotzdem habe ich mich entschieden, Fernsehen als Beispiel für eine schlechte Gewohnheit anzuführen. Urteilen Sie selbst!

Die ewige Hoffnung von Herrn Müller

Herr Müller kommt nach einem normalen Arbeitstag nach Hause, zieht sich um und wird vom Bildschirm "erwischt". Sein Blick trifft den Fernseher, er schaltet ihn ein und beginnt mit den Knöpfen der Fernbedienung zu spielen.

Die Zeit vergeht, und die Wahrscheinlichkeit steigt, daß Herr Müller etwas Interessantes findet. Das Fernsehen enttäuscht seine Zuschauer nicht: von Zeit zu Zeit kommt für jeden etwas Nützliches oder Interessantes! Das Fernsehen verwöhnt seine Zuschauer aber auch nicht. Nicht jeden Tag gibt es etwas Nützliches oder Interessantes, deshalb müssen sie ständig auf der Lauer liegen, in der ewigen Hoffnung, daß dieses Mal etwas für sie dabei ist.

Gewohnheiten, die sich im Einklang mit der angeborenen Neigung zum Ausgleich befinden, fördern in der Regel die Lebensqualität. Stehen die Gewohnheiten mit der angeborenen Neigung zum Ausgleich nicht im Einklang, blockieren oder beeinträchtigen sie diese Neigung. Wenn wir uns von unseren schlechten Gewohnheiten befreien wollen, müssen wir lernen, die Richtung der eigenen Aufmerksamkeit selbst zu bestimmen und sie nicht von außen bestimmen zu lassen! Die lauwarme alltägliche Trance in ihren verschiedenen Erscheinungsformen wie z. B. Rauchen oder Fernsehbesessenheit verdrängt die Neigung zum Ausgleich, und wir haben das Gefühl, daß wir ohne Fernsehen, Zigaretten usw. nicht leben können, und das, und nur das sei unsere wahre Natur!

Wenn Menschen sich von ihren negativen Gewohnheiten befreien wollen, dann entweder, weil sie bei den Mitmenschen wegen dieser Gewohnheiten schlecht angesehen sind oder weil sie die Folgen ihrer Gewohnheiten für sich selbst als unangenehm oder sogar schädlich erkannt haben. Zur Bekämpfung dieser Gewohnheiten haben sie zwei Möglichkeiten:

1. Sie können versuchen, ihre schlechten Gewohnheiten allein zu bekämpfen. Die Wahrscheinlichkeit, daß dies gelingt, ist sehr gering.

2. Sie können einen Therapeuten finden, der ihnen dabei hilft.

Unabhängig davon, ob sie es allein oder mit Hilfe eines Therapeuten versuchen, der Weg führt immer über den Verzicht. Wenn Menschen aber meinen, daß sie ohne Fernsehen, Rauchen usw. nicht leben können, werden sie den Verzicht auf Dauer kaum ertragen. Durch meine bisherige therapeutische Arbeit habe ich erfahren, daß man je nach Bereitschaft und Fähigkeit, schlechte Gewohnheiten abzulegen, drei Gruppen von Patienten unterscheiden kann.

1. Einige Patienten, jedoch sehr wenige, sind bereit, von Beginn der Therapie an ihrem krankhaften Verlangen nicht mehr nachzugeben, sondern so vollständig darauf zu verzichten, daß sie auf keinen Fall mehr rückfällig werden. Sie gleichen jemandem, der ins kalte Wasser springt und dabei nicht weiß, ob er das ertragen kann und welche Folgen dieses Verhalten eventuell für ihn hat.

2. Die größte Gruppe aller Patienten sind diejenigen, die auf das Ausleben ihrer schlechten Gewohnheiten nur so lange verzichten können, wie sie glauben, es aushalten zu können.

3. Die dritte Gruppe hat meistens Angst vor Verzicht. Allein der Gedanke, daß der Verzicht auf das Rauchen bei-

spielsweise Entzugserscheinungen verursachen könnte und sie das nicht aushalten könnten, versetzt sie in Angst und zögert den Verzicht hinaus.

Das Verhalten dieser drei Gruppen mit unterschiedlicher Frustrationstoleranz läßt sich an Patienten deutlich machen, die mit Moxibustion, einer alten chinesischen Heilmethode, behandelt werden. Bei dieser Behandlung wird ein definierter Punkt der Haut immer stärker erwärmt. Der Patient drückt sein subjektives Empfinden mit den Worten "warm", "heiß" und schließlich "weg" aus, d. h., wenn er die Erwärmung als nicht mehr erträglich einstuft, läßt er den Vorgang abbrechen.

Die erste Gruppe würde die dritte Stufe ("weg") nie eingestehen, weil sie die Haut eher verbrennen ließe als zuzugeben, daß sie die Hitze nicht ertragen kann.

Für die zweite Gruppe wäre bei "heiß" die Grenze der Leidenstoleranz erreicht. Sie würde nach "warm" zwar noch "heiß" zulassen, aber die Situation dann sofort mit "weg" beenden.

Die dritte Gruppe würde schon bei der Stufe "warm" das Wort "weg" ausrufen. Ihre Frustrationstoleranz ist im Vergleich zu den beiden anderen Gruppen am geringsten.

Für alle bisher entwickelten Therapien gilt, daß sie sich mit spezifischen Problemen beschäftigen und daß die Übertragung der Problemlösung von einem Problem auf ein anderes nur durch ein intensives und gezieltes Training erfolgt. Eine Ausnahme bilden die Entspannungsmethoden, die auf der Annahme beruhen, daß Entspannung die Grundlage aller therapeutischen Veränderung ist und damit auch die Grundlage einer Gewohnheitsveränderung. Die Atosmethode ist die erste therapeutische Methode, welche die angeborene Neigung zum Ausgleich direkt anspricht und gleichzeitig darin besteht, die Aufmerksamkeit des Übenden so zu fesseln, daß sich die schlechten Gewohnheiten nicht durchsetzen können. Dabei verlangt die Atosmethode vom Übenden nur, täglich drei bis fünf Minuten zu üben, und trotzdem wirkt sie auf alle schlechten Gewohnheiten, wobei ihre therapeutische Wirkung im Laufe der Zeit zunimmt.

2. Gefühle

Gefühle unterscheiden sich hinsichtlich ihrer Art und Intensität. Man kann Gefühle als angenehm oder unangenehm empfinden. Als problematisch betrachten viele nur die unangenehmen Gefühle.

Mit Gefühlen verbinden die Menschen meistens eine der drei folgenden Ansichten:

1. Gefühle sind selbständige Elemente, die wir nicht beeinflussen können.
2. Manche Situationen haben die Eigenschaft, Gefühle hervorzurufen, und wir sind solchen Situationen hilflos ausgeliefert. Gefühle sind blinde, automatische Folgen der durch die Situationen bedingten Reize.
3. Gefühle sind, mit wenigen Ausnahmen, die Folge dessen, was wir uns sagen oder was wir denken.

Betrachten wir diese Ansichten einmal genauer.

Sind unsere Gefühle wirklich selbständige Elemente? Wenn dem so wäre, hätten unsere Gefühle ein Eigenleben und kämen "aus heiterem Himmel", wie meine Patienten die Entstehung ihrer Gefühle oft beschreiben. Eine solche Denkweise ist mystisch und dogmatisch, was bedeutet, daß sie weder bewiesen noch widergelegt werden kann.

Wenn ich mich mit meinen Patienten über ihre Ängste unterhalte, höre ich oft, ihre Ängste seien eine natürliche Folge ihrer bedrohlichen Lebensumstände. Das sei ihre feste Überzeugung. Darauf stelle ich ihnen die Frage, weshalb sie dann überhaupt zu mir gekommen seien, ob sie wirklich glauben, daß ich fähig sei, ihre Lebensumstände zu verändern und zu verschönern oder daß ich ihnen sogar eine absolut angstlose Zukunft garantieren könne.

Einal kam eine Patientin zu mir, die sich davor fürchtete, in ihrer Wohnung allein zu bleiben.

Sie: Meine Angst ist die Folge einer ganz realen Situation. Während ich allein in meiner Wohnung bin, könnte jemand in die Wohnung einbrechen, weil die Eingangstür keine zuverlässige Sicherung gegen Einbrecher hat.

Ich: Wenn ich Sie recht verstanden habe, ist Ihre Wohnung ein extrem gefährlicher Platz und Ihre einzige Möglichkeit, die Angst zu verlieren, besteht darin, das Schloß an Ihrer Eingangstür zu wechseln, diese durch eine einbruchsichere Tür zu ersetzen und die Fenster aus einem wesentlich festeren Glas machen zu lassen. Meinen Sie tatsächlich, daß ich Ihnen helfen kann, oder sollten Sie sich nicht vielmehr einen Schlosser, einen Schreiner und einen Sicherheitsexperten suchen?

Eine andere Patientin, die an der gleichen Angst litt, schrieb mir in einem Brief, die Diebe könnten gerade dann in ihre Wohnung einbrechen, wenn sie allein zu Hause wäre. Es sei ihren Nachbarn schon einmal passiert, daß eingebrochen wurde; der Dieb habe einige Elektrogeräte mitgenommen. Während sie sich ausmale, was ein Einbrecher ihr alles antun könne, stelle sie sich vor, wie schön das Leben und wie jung sie noch sei und wie viele schöne Dinge sie sich wünsche und daß sie noch nicht sterben wolle! Außerdem habe sie jahrelang geglaubt, daß sie nie sterben werde!

Mit ihrer Angst habe ich mich folgendermaßen auseinander gesetzt:

> "Sie sagen, daß Ihre Angst kommt, nach einer Weile verschwindet, dann wiederkommt usw. Ist Ihr Haus, wenn Sie allein zu Hause sind, ein Ort, den in jedem Augenblick Verbrecher und Vergewaltiger umlauern? Wenn dem so ist, wie ist es Ihnen dann bis jetzt gelungen zu überleben? Wie erklären Sie sich die Tatsache, daß so viele Menschen ohne Angst allein leben? Wenn Ihre Annahme richtig ist, 'allein zu Hause zu sein', sei eine überaus bedrohliche Situation, dann müßten alle, die allein wohnen, ununterbrochen panische Angst haben!
>
> Ich gehe jedoch von einer anderen Annahme aus. Angst kann auf zweierlei Art ausgelöst werden:
>
> Direkt, wenn wir uns in einer lebensgefährlichen Situation befinden (hinter uns ist ein tiefer Abgrund und vor uns ein wütender Tiger).
>
> Indirekt, wenn wir annehmen, daß die Situation, in der wir uns befinden, gefährlich ist und daß wir in dieser Situation der vorgestellten Gefahr rettungslos ausgeliefert sind.
>
> Wäre die Situation ('allein zu Hause zu sein') an sich gefährlich, so müßten Sie sich in der gleichen Situation auch immer gleich geängstigt fühlen. Sie sagen aber, daß Ihre Angst 'kommt, und nach einer Weile verschwindet, dann wiederkommt usw.', was den Schluß nahelegt, daß Sie sich selbst in Angst versetzen, indem Sie sich diese Situation ausmalen".

Gefühle blockieren die Neigung zum Ausgleich nur dann, wenn sie ungesund sind. Die ungesunden Gefühle lassen sich an drei Wirkungen erkennen. Sie verursachen:

❑ mentale Blockaden
❑ psychischen Schmerz
❑ falsches Verhalten

A. Ellis (1994) sagt, der Weg der Veränderung durch Therapie sei, sich mit den falschen Gedanken auseinanderzusetzen. Ist die falsche Denkweise schon zur Gewohnheit geworden, kann die vorübergehende Aufhebung dieser Gewohnheit dazu führen, daß sich die Neigung zum Ausgleich meldet. Verhaltenstherapeuten, die kognitive Methoden anwenden, setzen Ablenkung ein, um ihren emotional gestörten Patienten am Anfang der Therapie zu helfen. Nach der Atostheorie hilft aktive Ablenkung nicht nur vorübergehend, sondern kann eine Wurzeltherapie sein. Voraussetzung ist, daß die aktive Ablenkung den Atosprinzipien entspricht.

Die Angst vor dem Umfallen

In einem Atosseminar fiel mir einmal auf, daß ein Teilnehmer sehr unruhig wurde. Sein Gesicht lief rot an, sein Körper verspannte sich, und er sah aus, als müsse er gegen ein wildes Tier in sich selbst kämpfen.

Plötzlich stand er auf und verließ schnell den Raum. Nach fünf Minuten kam er wieder zurück und setzte die Übungen fort. Wie er mir später sagte, hatte ihn panische Angst ergriffen, umzufallen, wenn er die Augen schließe.

Zwei Monate vergingen; er hatte die Grundübungen der Atosmethode erlernt, aber seine Angst, umzufallen, wenn er die Augen schließe, war noch immer da. Inzwischen hatte er jedoch begriffen, daß er selbst für seine Angst verantwortlich war und daß er weniger Angst hätte, wenn er rationaler denken würde. Doch die Angst blieb. Nach den Atosübungen fühlte er

sich dagegen stets weniger ängstlich und das motivierte ihn,
weiterzumachen. Bereits einen Monat später berichtete er, daß
seine Angst verschwunden sei. Sie kam nie wieder zurück, auch
nachdem drei Jahre vergangen waren und obwohl er keine therapeutische "Sitzung" mehr hatte.

3. Die innere Einstellung

Bei der kognitiven Therapie sowie der Rational-Emotiven
Verhaltenstherapie wird grundsätzlich davon ausgegangen, daß
Gedanken für die innere Einstellung des Menschen ursächlich
sind. Diese Einstellung hat immer eine dreifache Dimension,
nämlich:

- ❏   eine mentale (kognitive)
- ❏   eine emotionale (affektive)
- ❏   eine motivatione (konative)

Die mentale Dimension der Einstellung bezieht sich darauf,
ob wir etwas akzeptieren oder ablehnen. Gedanken sind nicht
in jedem Fall die einzigen Ursachen unserer Gefühle. Das trifft
nur auf ungesunde und übertriebene Gefühle zu. Somit ist auch
klar, daß wir es bei der emotionalen Dimension der Einstellung
mit einer angeborenen Neigung zu tun haben, wobei sich die
unterschiedlichsten Einstellungen hinsichtlich dieser emotionalen Dimension auf das Kontinuum Abneigung – Zuneigung zurückführen lassen. Die motivatione Dimension bezieht sich auf
das Kontinuum Bereitschaft – Widerstand, wodurch sich das
Verhalten emotional gestörter Personen am besten erklären läßt.
Die mentale Dimension der Einstellung entspricht den
Quellgedanken in der Rational-Emotiven Verhaltenstherapie und

der Schemata in der Beckschen kognitiven Therapie, die den psychischen Krankheiten zugrundeliegen. Quellgedanken bzw. Schemata sind die dem Denkprozeß vorausgehenden Erklärungsmuster eines jeden Menschen.

Die Atosmethode kann die falschen Quellgedanken bzw. die falschen Schemata verändern aber nicht, indem sie diese direkt angreift, sondern indem sie zuläßt, daß sich die Neigung zum Ausgleich verwirklicht. So gesehen leuchtet ein, warum die Verhaltenstherapie Patienten, die an Phobien leiden, nicht immer hilft, obwohl die Verhaltenstherapeuten ihre Patienten den angstauslösenden Situationen aussetzen. Sich einer Situation, vor der wir uns fürchten, nur auszusetzen, blieb jahrelang ein unzulängliches therapeutisches Mittel. Die Grundidee der Kognitiven Therapie und der Rational-Emotiven Verhaltenstherapie war, die Gedanken herauszufinden, durch welche die Angst vor einer Situation hervorgerufen wird, sich mit ihnen auseinanderzusetzen und sie durch andere, realistische Gedanken zu ersetzen. Trotzdem gelten Phobien als nicht hundertprozentig heilbare emotionale Störungen. Die Atosmethode will erreichen, daß die Neigung zum Ausgleich sich immer häufiger meldet und mit der Zeit andere angeborene Neigungen entweder verdrängt oder fördert. Angeborene Neigungen, die mit der Neigung zum Ausgleich im Einklang stehen, werden mit der Zeit stärker, angeborene Neigungen, welche die Neigung zum Ausgleich blokkieren, werden dagegen unterdrückt. Die Wirkung der Atosmethode hängt nicht von der Art der Probleme ab, die es zu beseitigen gilt, sondern nur von der Intensität der Störung. Wer an einer hochgradigen Störung leidet, sollte die Atosübungen wesentlich länger machen als jemand mit einer schwächeren emotionalen Störung.

4. Krankheiten und Verletzungen

Die Neigung zum Ausgleich wird durch Krankheiten und Verletzungen blockiert. Besonders beeinträchtigend auf die Neigung zum Ausgleich wirken chronische Krankheiten sowie Krankheiten, die das Bewußtsein verändern. Im nächsten Kapitel werden wir uns eingehend mit dem Thema "Bewußtsein und Körper" beschäftigen. An dieser Stelle möchte ich nur feststellen, daß jede Krankheit sowohl eine direkt blockierende Wirkung auf die Neigung zum Ausgleich hat, weil sie die Energie des Kranken erlahmen läßt, als auch eine indirekt blockierende Wirkung, weil die äußeren Anzeichen der Krankheit die Aufmerksamkeit des Kranken stark beanspruchen. Krankheit ist immer eine Störung, und der Kranke empfindet sie durch ihre Anzeichen als störend. Demgegenüber wirkt die Atosmethode ausgleichend auf den Kranken und fördert dadurch seine Genesung. Es kann aber auch geschehen, daß eine Krankheit die Neigung zum Ausgleich anspricht und damit die Abwehrkräfte des Erkrankten aktiviert, was eine spontane Genesung zur Folge haben könnte. Die Aktivierung der Neigung zum Ausgleich könnte daher auch als Erklärung für eine Spontanheilung dienen.

5. Ernährung, Medikamente, Alkohol und andere Rauschmittel

Falsche Ernährung, Medikamente, Alkohol und andere Rauschmittel blockieren die Neigung zum Ausgleich. Zu dieser Wirkung kommt es auf verschiedene Weise.

❑ Übermäßiges Essen und Trinken überfordern das Verdauungssystem. Ein Organismus funktioniert dann richtig, wenn alle seine Teile miteinander harmonieren, d. h. sich gegenseitig ergänzen und fördern. Ist das Verdauungssystem überfordert, geht das zu Lasten anderer Organe im Körper.

❏ Unausgewogene Ernährung kann auf Dauer zuerst die Körperfunktionen und dann die Organe so beeinträchtigen, daß Krankheit entsteht. Wie Krankheit die Neigung zum Ausgleich blockiert, habe ich an anderer Stelle bereits erläutert.

❏ Medikamente, Alkohol und andere Rauschmittel belasten hauptsächlich die Leber, sie haben aber noch eine andere beeinträchtigende Wirkung, auf die häufig nicht genug hingewiesen wird; sie beeinflussen nämlich das Bewußtsein. Verändert sich das Bewußtsein, so wird die Neigung zum Ausgleich blockiert. Wer regelmäßig Atos übt, wird dadurch nicht widerstandsfähiger gegen beeinträchtigende Medikamente, Alkohol und andere Rauschmittel, sondern seine Einstellung zu diesen ändert sich. Die Atosübungen machen den Übenden wacher, und wenn er "wach wie ein auf Beute lauernder Tiger ist", kann er leichter einschätzen, wie Medikamente, Alkohol und andere Rauschmittel auf ihn wirken.

6. Äußere Faktoren

In der traditionellen chinesischen Medizin unterscheidet man sechs klimatische (äußere) Faktoren, die eine Krankheit verursachen können. Diese sind:

1. Wind
2. Feuer (klimatisch gesehen)
3. Sommerhitze
4. Feuchtigkeit
5. Trockenheit
6. Kälte

Die äußeren Faktoren verursachen Krankheiten nur unter einer der beiden folgenden Voraussetzungen:

❏ wenn die Intensität des äußeren Faktors zu stark ist,
❏ wenn die Widerstandsfähigkeit der betreffenden Person zu schwach ist.

Beide Voraussetzungen blockieren die Neigung zum Ausgleich. Die Atosübungen können zwar die beeinträchtigende Wirkung der äußeren Faktoren nicht verhindern, sie können aber die Anpassungsfähigkeit des Übenden erhöhen.

KAPITEL 6

ZUERST DAS BEWUSSTSEIN,
DANN DER KÖRPER

D AS vierte Atosprinzip lautet: Zuerst findet ein Ausgleich des Bewußtseins statt, und dann kommt es zu einem Ausgleich im Körper. Das bedeutet, der Körper hängt vom Bewußtsein ab. Es gibt jedoch Phänomene, die scheinbar gegen das vierte Atosprinzip sprechen. Oberflächlich betrachtet sieht es nämlich so aus, als erfolge der Ausgleich beim Yoga, bei einigen Meditationsmethoden und bei der traditionellen chinesischen Medizin zuerst im Körper.

Das autonome Nervensystem besteht im Wesentlichen aus zwei Teilen, die sich anscheinend gegenseitig kontrollieren: Sympathikus und Parasympathikus. Das autonome Nervensystem reagiert einerseits auf Gefühle und andererseits auf Reize, wie z. B. Licht, Geräusche oder Schmerz. Störende Reize beeinträchtigen nun nicht nur das autonome Nervensystem, sondern auch das Bewußtsein. Trotzdem kann die betroffene Person eine gewisse Ausgeglichenheit des Bewußtseins erreichen, auch dann wenn die störenden Reize länger andauern. Die Bestätigung dafür erhielt ich zuerst durch eine Fernsehsendung. Später habe ich ein ähnliches Ereignis persönlich miterlebt.

Im Jahre 1985 filmte ein Fernsehteam aus Zagreb in Sri Lanka eine festliche Zeremonie des Hinayana-Buddhismus. Dort hatten sich Mönche die Aufgabe gestellt, die Kraft ihrer Mantras zu demonstrieren. Sie schwebten in der Luft, an zwei durch die Haut am Rücken gesteckten Haken hängend! Die Mönche rezitierten ihre Mantras, und man konnte an ihren Gesichtern erkennen, daß sie zuerst emotional stark beeinträchtigt waren, mit der Zeit aber immer ruhiger wurden. Sie ließen nicht zu, daß die andauernde Verletzung des Rückens ihr Bewußtsein störte (Vlajkov, 1990). Wenn die Psyche jedoch durch das autonome Nervensystem gesteuert würde, hätten die Mönche des Hinayana -Buddhismus ihr Bewußtsein unter den ständigen Schmerzen nicht beeinflussen können.

Ende 1993 besuchte ich Sri Lanka und hatte Gelegenheit, den Wahrheitsgehalt der vorstehend genannten Sendung persönlich zu überprüfen. Dieses Mal handelte es sich nicht um einen Mönch, sondern um einen Mann aus dem Volk, der sich durch Meditation von seinen Sünden befreien wollte. Er hing stundenlang an vier Haken, die seine Haut und seine Rückenmuskeln durchbohrten. Während der gesamten Zeit meditierte er, indem er die Sutras aus dem Pali-Kanon rezitierte. Das Ereignis fand in Kataragama in Anwesenheit vieler Menschen statt, die langsam in eine Art Ekstase gerieten und beständig versuchten, mit dem Meditierenden Kontakt aufzunehmen. Der aber hing da oben, als säße er nur in einem bequemen Sessel.

Yogaübungen dienen hauptsächlich dazu, den Übenden zu entspannen. Ist die Entspannung erreicht, äußert sie sich durch Anzeichen, wie z. B. Absinken des Blutdrucks, Alpha-Rhythmus der Gehirnwellen, ruhige Atmung, schlaffe Muskeln, angeregte Verdauung usw. Aber entgegen dem Eindruck, daß dies durch die körperlichen Übungen bewirkt wird, hängt die Hauptwirkung des Yoga davon ab, wie der Übende seine Aufmerksamkeit einsetzt.

Wichtige und interessante **Meditationsmethoden** sind der sogenannte Sufitanz und die Tantratradition.

Ziel des Sufitanzes ist der ausgeglichene Bewußtseinszustand; dazu bewegen sich die Tänzer im Kreis, geführt von einem Trommelrhythmus, den sie durch die Bewegungen ihrer Körper aufnehmen. Die Tanzenden richten sich dabei nach einer meditativen Anweisung, die ihnen den Weg zur Erleuchtung zeigen soll. Die Erleuchtung ist also keinesfalls eine Folge der Körperbewegungen. Vielmehr weist alles darauf hin, daß die von Trommelklang und Rhythmus gleichermaßen gefesselte Aufmerksamkeit die entscheidenden Impulse gibt. Zu einem immer schnelleren Rhythmus bewegen sich die Mönche solange im Kreis, bis sich schließlich einzelne Tänzer aus der Gruppe lösen. Dies ist das Zeichen für ihren Meditationsmeister, daß sie die Erleuchtung erlangt haben. Während der gesamten Zeit singt der Meditationsmeister ein Mantra, und die Tänzer versuchen, sich so in das Mantra zu versetzen, daß sie vom Klang des Mantra durchströmt werden.

Die Tantratradition kennt mehrere Ausdrucksformen. Einige bestehen darin, zusammen mit einem Partner durch bestimmte Körperbewegungen Erleuchtung zu erlangen. Ebenso

wie bei Yoga und Sufitanz spielt bei den Tantrabewegungsme-
ditationen die Aufmerksamkeit eine entscheidende Rolle (nach
einer mündlichen Überlieferung von Dhaly Charma).

Die traditionelle chinesische Medizin betrachtet sowohl
äußere wie innere Faktoren als ursächlich für die Entstehung von
Krankheiten. Bei der Behandlung jedoch berücksichtigt der
traditionelle chinesische Arzt zusätzlich folgende Punkte:

1. Die Lebenseinstellung (dem Patienten wird empfohlen,
   dem mittleren Weg zu folgen, d.h. ein geistig und körperlich ausgeglichenes Leben zu führen).
2. Bewegung (T'ai Chi und Qigong)
3. Ernährung (nach der Theorie der 5 Elemente)
4. Medizinische Behandlung (Akupunktur, Moxibustion,
   Heilpflanzen usw.).

Voraussetzung ist auch hier die Einstellung der betreffenden
Person. Wenn der Geist unruhig ist, ist keine Genesung mög-
lich. Erst nachdem der Geist (Shen) sich beruhigt hat, dürfen
Akupunktur und Moxibustion angewandt werden.

Das vierte Atosprinzip und das
ABC der Gefühle

Die Rational-Emotive Verhaltenstherapie und die Kognitive Therapie wurden bereits erwähnt; hier möchte ich die theoretischen Grundlagen dieser beiden Therapien etwas genauer erläutern, da sie das vierte Atosprinzip bestätigen.

1955 erkannte Albert Ellis erstmals, daß störende Gefühle weder die Folgen unserer Vergangenheit sind, noch durch vorhandene Reize verursacht werden. Zu dieser Schlußfolgerung gelangte Ellis durch die Lehre der Stoiker (Ellis:, 1993). Im alten Rom lebten etwa zur gleichen Zeit ein Kaiser namens Marc Aurel, ein Philosoph namens Seneca und der Sklave eines Sklaven namens Epiktet. Trotz ihrer so ganz unterschiedlichen Lebensbedingungen waren alle drei überzeugte Anhänger der Stoa, der Lehre der Stoiker. Die Stoa fordert als Voraussetzung für ein erfülltes Leben die Tugend und zwar die Tugend im Sinne des Freiseins von Leidenschaft und der Gleichgültigkeit gegenüber allen materiellen Gütern. In späterer römischer Zeit stand dieser strengen Lehre der Stoiker der Epikureismus gegenüber. Im Gegensatz zu den Stoikern war für die Anhänger des Epikureismus maßvolle Genußsucht die höchste Lebenserfüllung. Ellis, der die klassischen Denkrichtungen in seine Überlegungen miteinbezog, definierte eine sinnvolle Lebensführung als "verantwortlichen Genuß", d.h. Regulierung unserer Bedürfnisse durch unsere Entwicklung. Er bezieht sich dabei auf Epiktet, der sagte, daß nicht die Dinge an sich uns beeinflussen, sondern wie wir sie sehen. Wenn dem so ist, sind unsere Gefühle nur die Folge dessen, was wir über die Dinge denken, die wir als Ursache unserer Gefühle betrachten. Ellis ging davon aus, daß es die ungesunden Gefühle sind, die unsere Lebensqualität beeinträchtigen. Wie schon im vorigen Kapitel erwähnt, erkennt man ungesunde Gefühle daran, daß sie zu psychischem Schmerz, mentalen Blockaden und falschem Verhalten führen. Den Verlauf des Prozesses, der von den äußeren Ereignissen zu ungesunden Gefühlen führt, hat Ellis im sogenannten ABC-Modell der Gefühle erfaßt. Ellis bezeichnet die Ereignisse, deren Folge ungesunde Gefühle sind als A (abgeleitet vom englischen Ausdruck "activating event"). Die Beurteilung dieser Ereignisse, durch die das ungesunde Gefühl hervorgerufen wird, bezeichnet Ellis als B (abgeleitet vom englischen Wort "belief") und das ungesunde Gefühl selbst als C (abgeleitet vom englischen Wort "consequence"). Das Schema des ABC-Models sieht daher folgendermaßen aus:

$$A \rightarrow B \rightarrow C$$

Einmal suchte mich eine ältere Dame auf, die häufig unter schlechter Laune litt. Sie klagte, immer wenn der Herbst komme und die "Regenzeit" beginne, werde sie von einer depressiven Stimmung heimgesucht. Sie hatte bis dahin niemals versucht, etwas dagegen zu tun, weil die einzigen, die ihr, wie sie glaubte, helfen konnten, die Meteorologen waren! Wenn in der Wettervorhersage "Regen" angekündigt wurde, zog sie sich in ihre Wohnung zurück, unterbrach jeden Kontakt zu ihren Mitmenschen, setzte sich in einen Sessel am Fenster und starrte auf den trüben Himmel. Als sie jünger war, flüchtete sie in solchen Fällen in den Süden. Ihr Verhalten hielt sie für biologisch begründet, sie behauptete nämlich, es sei ganz natürlich und die Zugvögel seien der beste Beweis dafür. Auf meine Frage: "Woran denken Sie, wenn der Wetterbericht Regen ankündigt", antwortete sie "Ich kann dieses Wetter nicht ertragen, es macht mich kaputt!"

Das Wetter ist in diesem Fall ein neutrales aktivierendes Ereignis (A), der Gedanke "Ich kann dieses Wetter nicht ertragen, es macht mich kaputt!" ein störender Gedanke (B), dessen Folge die depressive Stimmung ist (C).

Als ich meine Patientin fragte, welche Beweise sie habe, daß das Regenwetter ihre Depression hervorrufe, antwortete sie: "Weil ich mich so mies fühle!".

Es gibt sehr viele therapeutische Möglichkeiten, die man in solchen Fällen anwenden kann, auf die ich jedoch in diesem Zusammenhang nicht näher eingehen möchte. Einige dieser Möglichkeiten werde ich an späterer Stelle erläutern, da sie Bestandteil der Gruppenarbeit in jedem Atosseminar sind. Hier ist es wichtig zu betonen, daß die Patienten meistens die Folgen ihrer falschen Beurteilung (C) als Königsbeweis dafür benutzen, daß C durch A verursacht wird, ein Denkfehler, der in der Logik als "circulus vitiosus" bekannt ist. David Clark und Paul Shalkovskis haben die Logik des Rückkoppelungsmechanismus bei der Panik als eine der häufigsten Angststörungen beschrieben (Clark, Salkovskis et all, 1989)

Die folgende Abbildung zeigt, wie Menschen sich allmählich in Panik versetzen können. (Abb. 3)

Wir können eine neutrale Situation richtig oder falsch beurteilen. Beurteilen wir sie falsch und gleichzeitig so, daß wir uns selbst stören (selbststörende Beurteilung), versetzen wir uns in einen äußerst unangenehmen, emotional ungesunden Zustand. Jedes Gefühl hat unterschiedliche funktionelle Veränderungen im Körper zur Folge. Ungesunde Gefühle rufen unangenehme Körperveränderungen hervor, wie z. B. Herzrasen, Schwindelgefühl, Muskelverkrampfungen, Schwäche in den Beinen usw. Wer sich in einen ungesunden emotionalen Zustand versetzt, liegt, aufgrund der für solche Personen typischen selektiven Aufmerksamkeit, ständig auf der Lauer und sucht nach Anzeichen der "auf ihn zukommenden Katastrophe". Die Feststellung allein, daß sein Herz rast, daß er tief und schnell atmet und daß

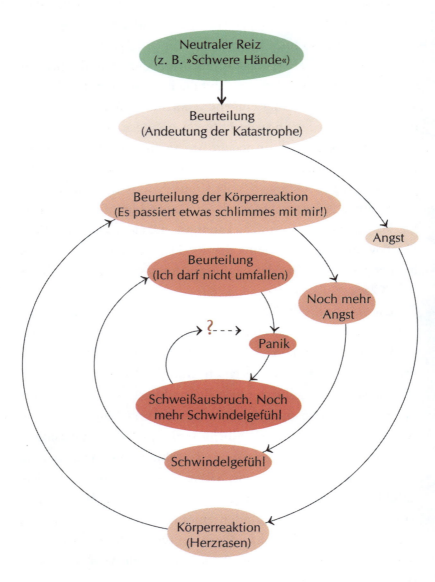

Abbildung 3: **Kreislauf der ungesunden Gefühle: Panik**

ihm schwindlig wird, reicht nicht aus, seinen ungesunden emotionalen Zustand zu verstärken. Erst wenn er das Wahrgenommene und Festgestellte als Beweis für seine hilflose Lage ansieht, nimmt das ungesunde Gefühl an Intensität zu. Dieses intensivierte Gefühl ruft dann weitere Körperveränderungen hervor, und wer ohnehin schon auf solche Signale wartet, deutet sie "logischerweise" als weiteren Beweis für die drohende Katastrophe.

Ein weiterer Patient, der umfällt

Er war 56 Jahre alt, als er zu mir kam. Sein Problem beschrieb er als Angst vor dem Umfallen. Wie er mir sagte, befand er sich seit fünfzehn Monaten in Behandlung: Er laufe von Nervenärzten zu Heilpraktikern, von Kurbädern, in denen er Heilwasser trinke, zu Heilern, die aus seinem Körper Geister austrieben, von Psychoanalytikern, die seine Vergangenheit "ausgrüben", bis zu Körpertherapeuten, die ihn berühren und trösten würden. Sein Zustand schien so schlimm zu sein, daß die Krankenversicherung ihn für arbeitsunfähig erklärte und vorzeitig in Rente schicken wollte.

Als Hauptbeschwerde gab er an, daß er einen schweren Kopf und schwere Hände habe. Die Schwere in Kopf und Händen sei immer vorhanden, aber sie könne sich ganz unerwartet intensivieren, unabhängig davon, in welcher Situation er sich befinde. Sie trete oft nach dem Aufstehen ein, beim Fernsehen, während er spazierengehe, sich mit seiner Frau oder Freunden unterhalte oder im Wartezimmer von Ärzten und anderen Therapeuten sitze. Er war fest davon überzeugt, daß er umfallen würde, wenn sich dieses Schweregefühl einstellt. Um sich beim Umfallen nicht zu verletzen, begann er allmählich, alle seiner Meinung nach "gefährlichen" Situationen zu vermeiden. Er hörte auf spazierenzugehen, fernzusehen, sich mit Freunden zu treffen und schließlich stand er auch morgens nicht mehr aus dem

Bett auf! Im Gegensatz zu anderen Patienten, die Angst hatten, umzufallen, verfügte er über einen "logischen" Beweis dafür, daß er sich so verhalten müsse. Er war nämlich schon einmal umgefallen und hatte sich dabei schwer verletzt.

Wir begannen, sein "Umfallen" zusammen zu erforschen. Das läßt sich am besten durch einen kurzen Auszug aus unserem Gespräch illustrieren:

Th: Es ist zwar schon lange her, aber ich denke, Sie können sich an Ihr Umfallen damals erinnern. Was haben Sie gespürt, kurz bevor Sie umgefallen sind?

P (nach längerem Nachdenken): Ich habe gar nichts gespürt.

Th: Bedeutet das, daß Sie umgefallen sind, ohne im voraus zu wissen, daß Sie umfallen werden?

P: Ja.

Th: Wenn Sie jetzt dieses Schweregefühl bekommen, was geht Ihnen dann durch den Kopf?

P: Daß ich umfallen werde.

Th: Und was noch?

P: Daß ich mich genauso schrecklich verletzen werde wie beim ersten Mal.

Th: Wie fühlen Sie sich dann?

P: Ich habe Angst.

Th: Was spüren Sie, wenn Sie Angst haben?

P: Mein Herz beginnt zu klopfen, und ich bekomme einen Kloß im Hals.

Th: Woran denken Sie, wenn Sie bemerken, daß Ihr Herz zu rasen beginnt und der Kloß in Ihrem Hals sitzt?

P: Jetzt geht es los. Ich muß mich hinsetzen, sonst falle ich um!

Th: Was geschieht mit Ihrer Angst?

P: Sie wird stärker.

Th: Was passiert dann?

P: Ich atme tief ein und bleibe stehen, um mich zu beruhigen.

Th: Werden Sie dadurch ruhiger? Helfen Sie sich damit?

P: Nein, überhaupt nicht. Im Gegenteil, mir wird schwindlig, ich verkrampfe mich und kann mich nur mit großer Anstrengung kontrolliert bewegen.

Th: Was sagen Sie sich, wenn sie bemerken, daß Sie so verkrampft sind?

P: Hoffentlich falle ich nicht um!

Th: Wie groß ist in diesem Augenblick Ihre Hoffnung, daß Sie nicht umfallen werden? Zu wieviel Prozent glauben Sie daran, daß Sie dieses Mal davonkommen?

P: Zu 5 %.

Th: Sie glauben also zu 95 %, daß Sie umfallen werden! Was geschieht mit Ihrer Angst?

P: Ich gerate in Panik.

Th: Wie erkennen Sie das?

P: Ich beginne zu zittern, zu schwitzen und schnell und tief zu atmen.

Im zitierten Gespräch hat mein Patient zuerst das Schweregefühl wahrgenommen, danach kam ihm der Gedanke, daß er umfallen und sich schrecklich verletzen werde und daß er dies nicht ertragen könne, wodurch wiederum die Angst hervorgerufen wurde. Der nächste Zirkel der Panik begann, als er anfing, das Herzrasen und den Kloß im Hals als logische und natürliche Beweise für das drohende Umfallen zu betrachten, obwohl die Symptome als automatische Körperantworten auf die Angst zu verstehen waren. Erst dann ging es richtig los: Die gesteigerte Angst zwang ihn, tiefer zu atmen, wodurch das Schwindelgefühl einsetzte, dem der Gedanke folgte, daß er in diesem entscheidenden Augenblick die Kontrolle nicht verlieren dürfe. Dadurch verkrampfte er sich und geriet in Panik. Die Wirklichkeit sah jedoch ganz anders aus: Sein autonomes Nervensystem spielte verrückt, und die körperlichen Reaktionen auf die panische Angst wurden immer zahlreicher.

Rational-Emotive Verhaltenstherapie und Kognitive Therapie machen deutlich, daß man den Körper eher über das Bewußtsein beeinflussen kann als umgekehrt. Auf das vierte Atosprinzip bezogen, spricht das ABC der Gefühle dafür, daß zuerst ein
Ausgleich des Bewußtseins erreicht werden soll und dann erst
ein Ausgleich des Körpers möglich ist.

Bei emotionalen Störungen entsteht im autonomen Nervensystem eine Disbalance zwischen Sympathikus und Parasympathikus. Einige Störungen, wie z. B. Angst und Ärger, sprechen
den Sympathikus an, was die Aktivierung vieler Körperprozesse
zur Folge hat. Bei anderen emotionalen Störungen, wie z. B.
Depression und Burnout Syndrom, wird der Parasympathikus
aktiviert (die Muskeln erschlaffen, die Verdauung wird angeregt,
der Atem geht langsamer, die Blutgefäße erweitern sich – dies
alles dient insgesamt der Erholung). Die Disbalance zwischen
Sympathikus und Parasympathikus sollte eigentlich die emotionale Störung beseitigen, aber dazu kommt es erst, wenn die Ursache der emotionalen Störung beseitigt ist; denn das autonome Nervensystem hängt vom Bewußtsein ab.

In Folge der ungesunden Gefühle kommt es nicht nur zu verschiedenen funktionellen Körperveränderungen, sondern auch
zu einer mentalen Blockade und einer dementsprechenden falschen Verhaltensweise. Hat jemand z. B. Lampenfieber, führt
das in einer Prüfungssituation zu einer Blockade und schlimm-
stenfalls zum Versagen. Wiederholt er die Prüfung, wird er versuchen, sie um jeden Preis zu bestehen, wobei er allerdings nicht
berücksichtigt, daß das Risiko zu versagen nicht geringer geworden ist. Er wird immer wieder Lampenfieber haben. Es kann
aber auch sein, daß er die Prüfung hinauszögert, weil er das dem
Mißerfolg zugrundeliegende Problem noch nicht gelöst hat.

Das vierte Atosprinzip und die Meditationslehren

Meditationsmethoden sind seit mehreren tausend Jahren bekannt. Menschen, die sich geistig weiterentwickeln wollten, haben meistens meditiert, und die Ergebnisse sprechen dafür, daß die Meditationspraxis ein zuverlässiges Mittel für die geistigen Entwicklung ist.

Der Terminus "Meditation" leitet sich von dem lateinischen Wort "meditatio" ab, was, "über etwas nachdenken", "etwas mental betrachten", "sich etwas mental vorstellen" bedeutet. Zu diesen Bedeutungen kam noch eine weitere hinzu. Verschiedene Religionen verstehen unter dem Begriff "Meditation" ein stilles Gebet. In der Umgangssprache erfuhr das Wort "Meditation" im Laufe der Zeit viele weitere Bedeutungen. So entnehmen wir verschiedenen Büchern, daß einige Autoren unter Meditation Trance verstehen, andere Konzentration, wieder andere Kontemplation und noch andere Aufmerksamkeit usw. Dhaly Charma hat sich mit einigen Meditationslehren auseinandergesetzt und versucht, daraus ein System der meditativen Praxis zu entwickeln, das für alle Menschen geeignet ist. Dabei wollte er herausfinden, welche Meditationspraktiken die Übenden in Trance versetzen und welche ihr Wachsein fördern. Er entdeckte, daß sich alle Meditationen, die das Wachsein fördern, auf die ursprüngliche Bedeutung des Terminus "Meditation" zurückführen lassen. Nach Dhaly Charma besteht der Sinn der Meditation darin, die Voreingenommenheit des Bewußtseins auszuschalten, damit sich die wahre menschliche Natur offenbart. Unter Voreingenommenheit des Bewußtseins versteht man jedoch nichts anderes als die Blockaden, von denen ich im vorigen Kapitel gesprochen habe. Sie sind es, die das Bewußtsein hindern, einen Ausgleich im Sinne der Atosprinzipien zu erreichen.

Das vierte Atosprinzip und die traditionelle chinesische Medizin

Im Rahmen der traditionellen chinesischen Medizin schreibt man den inneren Faktoren bei der Entstehung von chronischen Krankheiten die entscheidende Rolle zu. Unter den inneren Faktoren versteht man diejenigen Gefühle, die in der Theorie der fünf Wandlungsphasen den einzelnen Elementen (Holz, Feuer, Erde, Metall, Wasser) zugeordnet sind. Diese emotionalen Faktoren können auf zweierlei Weise krank machen:

❑   Sie können die Organe und Meridiane angreifen.

❑   Sie können das Shen schädigen.

Was Albert Ellis als ungesunde Gefühle bezeichnet, betrachtet die traditionelle chinesische Medizin als die Emotionen, die den chronischen Krankheiten vorangehen. Die Behandlung einer chronischen Krankheit ist nur dann die richtige, wenn die emotionalen Faktoren miteinbezogen und ausgeschaltet werden. Ein typisches Beispiel dafür ist die chronische Gastritis, die sich durch ein brennendes Gefühl im Magen, Aufstoßen und sauren Geschmack im Mund äußert. Wenn dazu noch der bittere Geschmack der Galle kommt, weiß man, daß sich der Patient vor Ausbruch der Krankheit monatelang geärgert und den Ärger verdrängt hat.

Der traditionellen chinesischen Medizin zufolge besteht das Shen aus Denken, Bewußtsein, Gedächtnis und Willen. Das Shen hat seinen Sitz im Herzen, und da das Herz die Quelle aller Lebensprozesse ist, schreibt die traditionelle chinesische Medizin dem Shen bei den chronischen Krankheiten eine entscheidende Rolle zu. Bei chronischen Krankheiten verändert sich immer mindestens einer der genannten Faktoren (Denken, Bewußtsein, Gedächtnis oder Wille). Nach dem ABC der Gefühle gehen emotionalen Störungen falsche Gedanken voraus, was nach der traditionellen chinesischen Medizin bedeutet, daß störenden Gefühlen eine Veränderung des Shen vorangeht, was wiederum chronische Krankheiten zur Folge haben kann. Wenn wir dies nicht berücksichtigen, könnten wir jemandem, der an einer chronischen Krankheit leidet, nur vorübergehend helfen; die Krankheit wird solange wiederkommen, bis zwischen Denken, Bewußtsein, Gedächtnis und Willen wieder ein Ausgleich stattgefunden hat.

Das vierte Atosprinzip besagt, daß zuerst das Bewußtsein und erst dann der Körper den Ausgleich erreicht, was mit der Lehre der traditionellen chinesischen Medizin übereinstimmt. Noch wichtiger ist aber die Feststellung, daß die Atosmethode über die Atosübungen den Ausgleich des Bewußtseins nicht nur zuläßt, sondern daß sie auch eine harmonisierende Wirkung auf das Shen ausübt und dadurch falsches Denken in die richtigen Bahnen lenkt, das Gedächtnis verbessert und den Willen stärkt.

Der traditionellen chinesischen Medizin zufolge gibt es acht ungesunde Hauptgefühle, die ich zur Darstellung des gesamten Wirkungsbereichs durch weitere ungesunde Gefühle ergänzt habe. Das erstgenannte Gefühl ist dabei jeweils das Hauptgefühl:

❏ Ärger, Wut und Zorn

❏ Besorgnis, Angst, Ängstlichkeit, Schreck, Furcht

❏ Begeisterung, Ekstase, Euphorie

❏ Schwermütigkeit, Trauer, Depression

❏ Verliebtheit, Eifersucht

❏ Verletztsein, Beleidigtsein, Gekränktsein

❏ Verlangen, Haß, Neid und Gier

❏ Schlechtes Gewissen, Schuldgefühle, Scham

Alle diese Gefühle sind Anzeichen für die Unausgeglichenheit des Bewußtseins. Die Übungen der Atosmethode führen dazu, daß das Bewußtsein ausgleichend funktioniert, mit dem Ergebnis, daß die genannten Gefühle nicht mehr störend auf das Bewußtsein wirken. Voraussetzung dafür ist aber, daß der Patient regelmäßig und lange genug übt.

Das vierte Atosprinzip und die psychosomatische Medizin

Die psychosomatische Medizin ist wahrscheinlich eine der wichtigsten medizinischen Disziplinen, nicht, weil die psychosomatischen Krankheiten die schwierigsten aller Krankheiten sind, sondern weil der größte Teil der Menschheit an psychosomatischen Krankheiten leidet. Über die psychosomatischen Krankheiten gibt es zwei extreme Ansichten: Die Vertreter der einen behaupten, daß Krankheiten die Folge von Veranlagung und äußeren Faktoren seien. Sie wehren sich gegen die Annahme, daß bei der Entstehung von Krankheiten auch psychische Faktoren eine Rolle spielen. Nach der anderen Ansicht werden alle Krankheiten durch psychische Faktoren verursacht.

Die Wahrheit liegt wahrscheinlich irgendwo dazwischen. Sowohl psychische Faktoren als auch Veranlagung, Bakterien, Viren, klimatische Faktoren, Ernährung sowie mangelnde oder übertriebene Körperbewegung können Krankheitsursachen sein. Vieles spricht aber dafür, daß die psychischen Faktoren bei der Entstehung von Krankheiten an Bedeutung zunehmen. Ein Beispiel dafür ist Streß. Seitdem Selye 1936 den Streß entdeckt hat, haben die Wissenschaftler dem Streß eine immer größere Bedeutung zugemessen.

Selye hat den Streß als allgemeines Adaptationssyndrom bezeichnet; er hat nämlich beobachtet, daß der Organismus in bestimmten Situationen aktiver wird und daß sich alle Körperfunktionen ununterbrochen den jeweiligen Gegebenheiten anpassen. Droht einem Organismus eine unmittelbare Gefahr, so bereitet er sich auf die "Rettung" vor, wobei die Rettung entweder Flucht oder Kampf sein kann. In beiden Fällen befindet sich der Körper in einem Alarmzustand, und seine Leistungsfähigkeit ist wesentlich größer als sonst. Die erste Phase beim Streß besteht aus der Mobilisierung aller Ressourcen des Organismus. Während der zweiten Phase werden die mobilisierten Ressourcen verbraucht. Die dritte Phase ist als Zustand der Erschöpfung bekannt.

Man unterscheidet zwischen akutem und chronischem Streß. Der akute Streß ist immer nützlich, weil er eine wichtige Rolle für das Überleben spielt. Er dauert so lange an, bis die vorübergehenden ungünstigen Umstände vorbei sind. Der chronische Streß kann aus zwei Gründen entstehen. Einerseits können ihn ungünstige Umstände verursachen. Wenn diese sich lange nicht ändern, verlängert sich die dritte Phase einer Streßsituation, die Erschöpfungsphase, und als Folge dessen kommt es zu Krankheiten. Diesen Streß werde ich im folgenden objektiv verursachten chronischen Streß nennen. Auf der anderen Seite kann jemand in einen chronischen Streßzustand geraten, wenn er die objektiv günstigen Umstände als ungünstig und bedrohlich ansieht. Einen solchen chronischen Streß möchte ich als subjektiv verursachten chronischen Streß bezeichnen. Die Folgen des subjektiv verursachten chronischen Stresses sind die gleichen wie die Folgen des objektiv verursachten Stresses. Typische Krankheiten unserer Zeit, bei deren Entstehung der chronische Streß eine entscheidende Rolle spielt, sind: Burnout Syndrom, Gastritis, Herzrhythmusstörungen, Herzinfarkt, Kreislaufstörungen, Migräne, Asthma, chronischer Durchfall, Obstipation, Neurodermitis, Ekzeme, Allergien, Hypertonie usw.

Bei allen Krankheiten, die durch objektiv verursachten chronischen Streß entstehen, können Entspannungsmethoden durchaus helfen. Entspannungsmethoden können auch bei der Erholung nach akutem Streß hilfreich sein, weil sie die vom Parasympathikus gesteuerten Funktionen fördern. Bei chronischem Streß, der durch falsches Denken verursacht wird, sind Entspannungsmethoden jedoch nur begrenzt einsetzbar. Wenn der subjektive chronische Streß einer psychosomatischen Krankheit vorangeht, sollte diese hauptsächlich psychotherapeutisch behandelt werden. Entspannungsmethoden können in diesem Fall nur vorübergehend helfen, wobei sie bei einigen psychosomatischen Krankheiten den Gesamtzustand sogar verschlechtern können, wie das M. Seligman (1976) beschrieben hat. Er hat nämlich herausgefunden, daß diejenigen, die den Kampf gegen die Krankheit aufgeben, ihr wesentlich schneller erliegen, als diejenigen, die einen gesunden Optimismus pflegen und die Hoffnung nicht verlieren, die Krankheit letztendlich doch besiegen zu können. Bei einem Experiment mit krebskranken Probanden hat M. Seligman die experimentelle Gruppe nicht nur medizinisch betreut, sondern auch einer kognitiven Therapie unterzogen, während die Kontrollgruppe nur medizinisch behandelt wurde. Zu Beginn des Experiments testete er alle Probanden und entdeckte, daß sie sich hilflos und der Krankheit ausgeliefert fühlten. Die kognitive Therapie hatte zum Ziel, die sog. "erlernte Hilflosigkeit" der Probanden in der experimentellen Gruppe durch einen "flexiblen Optimismus" zu ersetzen. In beiden Gruppen war die Krankheit so weit fortgeschritten, daß Metastasen vorhanden waren, und man wußte, daß alle Probanden bald sterben würden. Als nur noch eine Person am Leben war, verglich Seligman die Ergebnisse der beiden Gruppen: Die Probanden der experimentellen Gruppe lebten im Durchschnitt noch 36 Monate, die Probanden der Kontrollgruppe dagegen nur noch 18 Monate.

Seligman entdeckte, daß die erlernte Hilflosigkeit die Körperprozesse in gleicher Weise beeinflußt wie der Parasympathikus. Wenn man bedenkt, daß Entspannungsmethoden die Erholung fördern und daß die Erholung eine Folge der durch den Parasympathikus bedingten Prozesse ist, kann man leicht verstehen, warum die Entspannungsmethoden nicht bei allen psychosomatischen Krankheiten hilfreich sind, sondern nur bei einigen. In den letzten zehn Jahren hat es mehrere Beweise dafür gegeben, daß Entspannungsmethoden den Zustand von Asthmatikern ungünstig beeinflussen, bei Burnout-Patienten die Hilflosigkeit fördern, bei Depressiven Hoffnungslosigkeit und Ver-

meidungsverhalten verstärken und bei einigen Arten von Herz-
und Kreislaufstörungen den Allgemeinzustand verschlechtern
und die Genesung erschweren (Seligman, 1975; Ellis, Dryden,
1987). Im letzteren Fall handelt es sich darum, daß Herz- und
Kreislaufstörungen nicht nur durch eine übermäßige Erschöpfung des Herzmuskels bzw. des Kreislaufsystems entstehen können, sondern auch durch das Überwiegen der vom Parasympathikus bedingten Prozesse. Sowohl Entspannung als auch erlernte Hilflosigkeit führen zu einer Dominanz des Parasympathikus
über den Sympathikus.

Ziel der Atosmethode ist es, den Ausgleich zwischen Sympathikus und Parasympathikus wieder herzustellen. Entspannungsmethoden können bei Personen mit hohem Blutdruck dazu
beitragen, daß dieser wieder sinkt. Personen mit einem niedrigen Blutdruck können sie aber überhaupt nicht helfen; sie senken nur den ohnehin niedrigen Blutdruck noch weiter! Die
Grundübungen der Atosmethode wirken dagegen selektiv: Den
höheren Blutdruck lassen sie um 20 bis 40 mmHg absinken und
halten ihn auf diesem Niveau aufrecht. Der niedrige Blutdruck
aber kann, anders als bei den Entspannungsmethoden, durch die
Grundübungen der Atosmethode erhöht und auf dem erhöhten
Niveau auch aufrechterhalten werden.

Bei psychosomatischen Störungen, die sich durch eine andauernde körperlich-geistige Überaktivität entwickeln, wirken
die Grundübungen der Atosmethode in der gleichen Weise wie
die Entspannungsmethoden, sie bringen Erholung. Bei den psychosomatischen Störungen, die entweder durch Entspannungsmethoden oder durch die Dominanz des Parasympathikus entstehen, wirken die Grundübungen der Atosmethode ausgleichend; sie ersetzen den Trancezustand der Entspannungsmetho-

den durch einen Wachzustand und aktivieren die vom Sympathikus gesteuerten Prozesse.

Abgesehen von den bisher erwähnten Therapien, arbeiten auch alle übrigen Therapien zur Behandlung von psychosomatischen und anderen psychischen Krankheiten im Wesentlichen mit Bewußtseinsveränderungen; zu diesen Therapien gehören sowohl die Psychoanalyse mit allen von ihr abgeleiteten Therapien, Transaktionsanalyse, Gestalttherapie, Hypnose, NLP als auch Körpertherapien (Bioenergetik, Radixtherapie usw.). Einige Therapeuten analysieren die Vergangenheit ihrer Patienten, um herauszufinden, woher deren gegenwärtige Probleme kommen, andere interessieren sich mehr für konkrete Problemlösungen und setzen die sogenannte "mentale Chirurgie" (Hypnose, NLP) ein, wieder andere verlangen von ihren Patienten, tief und schnell zu atmen, bis diese dann plötzlich anfangen zu schreien (Urschreitherapie), die vierten fordern ihre Patienten auf, bestimmte Körperstellungen einzunehmen und sich auf eine bestimmte Weise zu bewegen, um ihre quälenden Gefühle loszuwerden (Radixtherapie). Dabei ist es wichtig, darauf hinzuweisen, daß die therapeutischen Veränderungen nur dann stattfinden können, wenn der Patient den Sinn des therapeutischen Einsatzes versteht und die Anweisungen seines Therapeuten befolgt.

Aus dem bisher Gesagten ist leicht zu schließen, daß das vierte Atosprinzip genau das anstrebt, was die Therapien der psychosomatischen und psychischen Störungen immer schon mehr oder weniger bezweckt haben, nämlich die mentalen Prozesse und den Körper über das Bewußtsein zu beeinflussen. Was die Atosmethode mit anderen Therapien gemeinsam hat, ist also, daß sie zunächst zu einer Veränderung des Bewußtseins führt. Erst dann können die Körperprozesse beeinflußt werden. Der

Unterschied zwischen der Atosmethode und anderen therapeutischen Ansätzen besteht jedoch darin, daß das Ziel der Atosmethode die Aktivierung der angeborenen Neigung zum Ausgleich ist, während die anderen therapeutischen Ansätze andere Ziele haben.

Kapitel 7

Reine Wahrnehmung

Bisher galt unser Interesse dem Teil der Atosprinzipien, der die theoretische Grundlage der Atosmethode bildet. In diesem und in den nächsten Kapiteln werde ich die Atosprinzipien erläutern, von denen ich bei der Entwicklung der Atosübungen ausgegangen bin.

Das fünfte Atosprinzip lautet: Die reine Wahrnehmung ist diejenige Aktivität, die am besten und am einfachsten die Voraussetzung für einen Ausgleich des Bewußtseins schafft.

Viele der Fragen, die mir von Teilnehmern und Kollegen immer wieder gestellt wurden, lassen sich auf eine einzige zurückführen: Woher weiß man, daß gerade die reine Wahrnehmung das beste und einfachste Mittel ist, einerseits Blockaden des Bewußtseins aufzulösen, und andererseits einen Ausgleich des Bewußtseins zu bewirken?

Welche Bedeutung die Wahrnehmung hat, begriff ich zum ersten Mal im Alter von 15 Jahren. Damals fing ich an, mich für Hypnose zu interessieren. Von einem Schauhypnotiseur na-

mens Djeli lernte ich, wie man andere Leute hypnotisiert. Es
faszinierte mich, wie Djeli seine Hypnosemedien gruppenweise
in hypnotische Trance versetzte. Er bewegte seine mit einem
weißen Handschuh bekleidete zitternde Hand vor den Augen der
Medien mit gespreizten Fingern ganz langsam von oben nach
unten und forderte sie auf, den Bewegungen seiner Hand mit
den Augen zu folgen, ohne dabei zu blinzeln. Dreimal hintereinander suggerierte er ihnen, daß sie einschlafen würden, wenn
sie ihre Augen schlössen.

Nach den Hypnosesitzungen erklärte er mir, daß diejenigen,
die für die Hypnose "talentiert" seien, über eine stabile und zuverlässige Aufmerksamkeit verfügten, und daß sie eigentlich
selbst entscheiden könnten, ob sie sich hypnotisieren lassen
wollten oder nicht. In den meisten Fällen sei ihnen jedoch nicht
bewußt, daß sie sich gegen die Hypnose wehren könnten, der
einzige Grund dafür, weshalb sie leicht hypnotisiert werden
könnten, sei der, daß sie sich nicht wehrten.

Die Aufmerksamkeit, die Djeli mir gegenüber so hervorgehoben hatte, ist nichts anderes als die Fähigkeit, Reize und Inhalte des Bewußtseins wahrzunehmen.

Nachdem ich mich mit vielen anderen Möglichkeiten auseinandergesetzt hatte, habe ich mich für die reine Wahrnehmung
als wichtigstes Instrument der Atosmethode entschieden. Wie
lassen sich die Blockaden des Bewußtseins auflösen? Die eine
Möglichkeit wäre ein Einfluß von außen, durch den das Bewußtsein von den Blockaden befreit würde. Die andere Möglichkeit
bestünde darin, daß das Bewußtsein selbst aktiv würde.

Fast alle Therapien gehören zur ersten Möglichkeit. Um
Blockaden des Bewußtseins zu beseitigen, wirken die Therapeuten von außen auf die betreffende Person ein. Unabhängig da-

von, ob die Therapie dabei mit Körperbewegungen oder Gesprächen arbeitet, ist der Patient weiter auf seinen Therapeuten angewiesen; er kann neue, nach der Behandlung entstandene Blockaden nicht selbst auflösen.

Die richtige Therapie sollte wie die berühmte Formel aller Computerfans lauten: Erkennen-Beseitigen-Ersetzen! Wenn ein Computervirus in einen Computer eindringt, beginnt er den Inhalt der Festplatte und die Programme zu löschen. Durch Antivirusprogramme kann zwar der Virus beseitigt, aber der gelöschte Teil nicht wieder hergestellt werden. Die Hersteller von Antivirusprogrammen sind ebenso wie die Therapeuten auf der Suche nach einem Programm, durch das der Schaden wieder behoben werden kann. Der Unterschied zwischen einem Computer und einem Menschen besteht jedoch unter anderem darin, daß ein Computervirus einen Inhalt endgültig löschen kann, während die Blockaden das Bewußtsein nicht für immer schädigen, d.h. was blockiert wird, ist nicht für immer verloren, sondern kann abgerufen und wiederbelebt werden.

Von allen äußeren Einwirkungen auf das Bewußtsein entspricht die Rational-Emotive Verhaltenstherapie dem Modell "Erkennen-Beseitigen-Ersetzen" am besten. Das ABC der Gefühle bedeutet:

❑ falsche Gedanken erkennen
❑ sich mit den falschen Gedanken auseinandersetzen und sich davon überzeugen, daß die Gedanken wirklich falsch sind;
❑ die falschen Gedanken durch richtige ersetzen.

Wenn das so einfach wäre, könnten Psychotherapeuten wie Ärzte ihren Patienten die richtigen Gedanken "verschreiben", und mit Hilfe der "verschriebenen" richtigen Gedanken könnten die Patienten die Störungen ihres Bewußtseins "heilen"!

Der schwierigste Teil einer Therapie, die gedankliche Fehler bewußt macht, kommt aber erst, wenn die Patienten die Logik der Therapie begriffen und die falschen Gedanken durch richtige ersetzt haben. Obwohl die neue Denkweise so offensichtlich richtig ist, funktioniert sie meistens nicht, denn die alten, falschen Gedanken tauchen in den verschiedenen Alltagssituationen wieder auf, und statt in diesen Situationen richtig zu denken, entwickeln die Patienten noch mehr störende Gedanken.

Die Frau, die von ihrem Mann geliebt werden muß

Eine Frau, die unter der lieblosen Art ihres Mannes leidet, denkt vielleicht, daß ihr Mann sie unbedingt lieben müsse. Sie begründet das damit, daß die Liebe zur Ehe dazugehöre und daß dies normal sei. Da sie ihren Mann aber nicht zwingen kann, sie zu lieben, ist dieser Gedanke weder sinnvoll noch realistisch. Also muß sie mit Hilfe ihres Therapeuten ihre falschen Vorstellungen loswerden und durch vernünftige ersetzen! Sie erhält von ihrem Therapeuten die Anweisung, von nun an zu denken: "Mein Mann muß mich nicht lieben, obwohl es schön wäre, wenn er es täte!" Voller Hoffnung, daß ihr Problem nun gelöst ist, kommt sie nach Hause und macht sich daran, die neue, vernünftige Denkweise umzusetzen. Sie weiß, daß ihr Mann sie nicht (mehr) lieben muß... Die Realität ist jedoch unerbittlich. Er kommt von der Arbeit zurück, ohne sie mit einem Kuß zu begrüßen, läßt schlampig seine schmutzigen Schuhe im Flur liegen, setzt sich vor den Fernseher und fragt ungeduldig, ob man in diesem Haus etwas zu essen bekommen könne. Daraufhin rastet sie aus!

Nach einer Weile wird ihr klar, daß sie wieder die Nerven verloren hat, was nach allen schönen Belehrungen und Einsichten keinesfalls hätte passieren dürfen!

Wenn jemand in einer sich wiederholenden Situation immer schon den gleichen falschen Gedanken hatte, ist davon auszugehen, daß dieser sich auch in zukünftigen Situationen wieder einstellt, denn im Laufe der Zeit wurden die Gefühle der Frau durch diese Situation konditioniert. Der neue, richtige Gedanke hat daher keine ausreichende Kraft, weil er sich gegen vieles durchsetzen muß:

❑ gegen falsche Gedanken
❑ gegen die reale Situation
❑ gegen ungesunde Gefühle.

Erst nach Monaten ist zu erwarten, daß der neue, richtige Gedanke die Frau, die von ihrem Mann "geliebt werden muß", von ihrem Problem befreit. Mit anderen Worten, der Erfolg der richtigen Therapie hängt von den Patienten selbst ab, weil nur sie entscheiden können, ob sie sich dauerhaft auf etwas einlassen wollen, das den meisten Menschen am schwersten fällt, nämlich logisch zu denken!

Wenn aber die Menschen ihre Blockaden letztendlich nur selbst auflösen können, stellt sich die Frage, ob das auch allein, d.h. ohne therapeutische Hilfe, möglich ist? Es wäre einfacher und auf die Dauer effektiver. Mit der Frage, ob es auch leichter und bequemer wäre, werde ich mich im folgenden auseinandersetzen.

Um sich von störenden Gefühlen zu befreien, gibt es mehrere Möglichkeiten, die sich auch miteinander kombinieren lassen:

❑ Schlaf

- ❑ Entspannung
- ❑ Suggestion
- ❑ Trance
- ❑ Nachdenken
- ❑ Erinnern
- ❑ ohne Gedanken sein.

Schlaf als therapeutisches Mittel und das fünfte Atosprinzip

Man weiß, daß Schlaf lebensnotwendig ist, man weiß aber auch, daß die Länge des Schlafes nicht entscheidend ist. Der Volksmund sagt, daß jemand seine Probleme zuerst "überschlafen" und dann erst eine Entscheidung treffen soll. Während des Schlafes erholen sich sowohl Körper als auch Bewußtsein. Der Körper erholt sich in den ersten zwei bis drei Stunden, das Bewußtsein in den letzten Stunden des Schlafes. Patienten, die an Schlaflosigkeit leiden, fühlen sich ständig erschöpft und sind nur unter großen Anstrengungen arbeitsfähig. Daß der Schlaf als Heilmittel eingesetzt werden kann, wußten die Menschen schon vor mehreren Tausend Jahren. Chinesische Ärzte haben ihren emotional gestörten Patienten pflanzliche Schlafmittel verschrieben, die Naturärzte der Inkas empfahlen Patienten, die von Geistern besessen waren, 24 Stunden durchzuschlafen, weil die Geister sie erst nach dieser Zeit wieder verlassen würden. Dhaly Charma erzählte mir, daß die Bewohner einiger Dörfer in Tibet ihre Kinder lehren, wie man bewußt schläft. Das dient dazu, den eigenen Geist zu beruhigen.

Die Ärzte von heute tun nichts anderes als die Heiler, Medizinmänner und Naturärzte früherer Zeiten, wenn sie psychisch gestörten Personen Schlafmittel verschreiben.

Eine der neuesten Therapien gegen Depressionen besteht darin, daß Patienten auf ihren Schlaf verzichten, um wieder schlafen zu können. Es ist bekannt, daß depressive Patienten morgens gegen vier Uhr aufwachen. Sie werden darüber hinaus im Laufe der Nacht mehrmals wach. Deshalb haben die Patienten den Eindruck, daß sie überhaupt nicht schlafen können. Tagsüber befriedigen sie dann ihr Schlafbedürfnis, indem sie jeden "Schlafanfall" als Gelegenheit betrachten, auszuschlafen. Die Therapeuten verlangen von diesen depressiven Patienten, daß sie während der ersten Nacht der Therapie überhaupt nicht schlafen. Wenn sie trotzdem einzuschlafen drohen, werden sie daran gehindert; sie dürfen erst am nächsten Tag morgens um 9 Uhr einschlafen. Einen Tag später dürfen sie nach der schlaflosen Nacht erst um zehn Uhr morgens einschlafen. Auf diese Weise wird ihr Einschlafpunkt alle 24 Stunden um eine Stunde verschoben, bis die Patienten wieder bei ihrer normalen Schlafenszeit angelangt sind. Bei dieser Therapie geht man davon aus, daß es ausreicht, lange genug zu schlafen, um alle emotionalen Probleme zu lösen. In Wirklichkeit aber wirkt der Schlaf bestenfalls als Betäubungs- und Erholungsmittel. Patienten, die neben ihren emotionalen Problemen auch noch an Schlaflosigkeit leiden, verlieren mit der Zeit die Kraft, ihr Leid zu ertragen. Diejenigen, die zwar emotionale Probleme haben, aber dennoch schlafen können, sammeln während der Nacht neue Kräfte. Sie sind dann trotz ihres Leides nicht erschöpft, sondern gewöhnen sich daran und schleppen es geduldig mit sich herum!

Schlaf kann emotionale Probleme nicht nur nicht lösen, sondern ebnet dem damit verbundenen Leid sogar noch den Weg.

Entspannung

Abgesehen von der im vorigen Kapitel erwähnten Wirkung der Entspannung auf die Körperprozesse wirkt sich die Entspannung auch in besondere Weise auf das Bewußtsein aus. Gelingt es jemandem, sich zu entspannen, genießt er diesen Zustand, weil Entspannung ein angenehmer Zustand ist, der zwischen Wachen und Schlafen liegt. Wird eine Entspannungsmethode mehrmals angewandt, finden zwei Prozesse statt:

❑ Der Bewußtseinszustand, der durch die Entspannung entsteht, konditioniert sich durch die Lebenssituationen des Übenden.

❑ Die Wirkung der Entspannung überträgt sich von dem Bewußtseinszustand, der durch die Entspannung entstanden ist, auf andere Bewußtseinszustände des Übenden.

Konditionierung der Entspannung

Die Menschen wie auch die anderen Primaten beginnen sich zu entspannen, sobald sie sich beruhigen und ihre Augen schließen. Sie können das selbst überprüfen, indem Sie eine angenehme Körperhaltung einnehmen, die Augen schließen und einige Minuten bewegungslos sitzen.

Pawlowsche Experimente

Wenn sich jemand in verschiedenen Situationen entspannt, so führt dies dazu, daß die Entspannung bei der betreffenden Person allein durch die Situation hervorgerufen wird. Diesen

Zusammenhang bezeichnet man als Konditionierung. I. P. Pawlow hat sich dadurch verdient gemacht, daß er die Gesetzmäßigkeit der Konditionierung entdeckte. Anfang des zwanzigsten Jahrhunderts hat er die Speichelfunktion bei Hunden erforscht und dabei bemerkt, daß die Hunde einen verstärkten Speichelfluß hatten, sobald er zu ihnen kam. Das machte ihn neugierig und er beschloß, dieses Phänomen weiter zu untersuchen. Er führte folgendes Experiment durch: jedes Mal, bevor er seine Hunde fütterte, ließ er sie den Klang einer Glocke hören. Normalerweise verstärkt sich der Speichelfluß bei Hunden, sobald sie das Futter riechen; das ist eine angeborene Reaktion des Hundes auf den wahrgenommenen Reiz (im Pawlowschen Experiment der Geruch des Futters). Nachdem Pawlow das beschriebene Verfahren mehrere Male wiederholt hatte, bemerkte er aber, daß sich der Speichelfluß der Hunde schon beim Ertönen der Glocke erhöhte. Er folgerte daraus, daß die Zunahme des Speichelflusses durch den Glockenton ausgelöst wurde. Das Futter in seinem Experiment bezeichnete er als unbedingten Reiz, den starken Speichelfluß, der durch den Geruch des Futters hervorgerufen wurde, als unbedingte Reaktion, den Glockenton als bedingten Reiz und den Speichelfluß, der durch den Klang der Glocke hervorgerufen wurde, als bedingte Reaktion. Den Prozeß, der bewirkte, daß ein erhöhter Speichelfluß durch das Glockensignal bei den Hunden einsetzte, nannte Pawlow "Konditionierung". Die Konditionierung wurde zu einem der drei Grundpfeiler der Lernpsychologie (die beiden anderen sind instrumentelles Lernen und Einsichtslernen).

Schema der Konditionierung

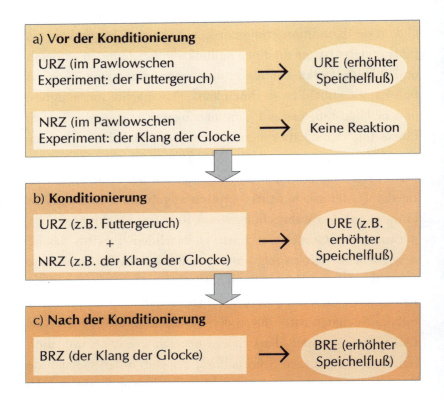

NRZ = neutraler Reiz (im Pawlowschen Experiment: der Klang der Glocke)

URZ = unbedingter Reiz (im Pawlowschen Experiment: das Futter)

URE = unbedingte Reaktion (im Pawlowschen Experiment: der erhöhte Speichelfluß)

BRZ = bedingter Reiz (im Pawlowschen Experiment: der Klang der Glocke,
vorausgesetzt, er kann die unbedingte Reaktion auslösen, im beschriebenen Experiment den erhöhten Speichelfluß)

BRE = bedingte Reaktion (im Pawlowschen Experiment der erhöhte Speichelfluß, jedoch nur dann, wenn er durch einen bedingten Reiz ausgelöst
wird).

I. P. Pawlow wollte überprüfen, was geschieht, wenn die Hunde, nachdem der Klang der Glocke einen erhöhten Speichelfluß bei ihnen ausgelöst hatte, kein Futter erhalten. Er ließ die Hunde mehrmals den Klang der Glocke hören, ohne sie anschließend zu füttern. Die Erhöhung des Speichelflusses wurde bei den Hunden nach jeder Wiederholung geringer, bis schließlich keine Verstärkung mehr eintrat. Er schloß daraus, daß das Futter dazu diente, den Speichelfluß als erlernte Reaktion auf den Glockenton zu verstärken. Das Verfahren, das zur Folge hatte, daß der Speichelfluß der Hunde nach dem Glockenton im Gegensatz zum vorherigen Ablauf nicht mehr zunahm, bezeichnete Pawlow als Löschen.

Pawlow setzte seine Forschungen fort: Manchmal fütterte er seine Hunde nach dem Glockensignal, manchmal erhielten sie dann kein Futter. Trotz dieses unregelmäßigen Ablaufs trat immer die gleiche Wirkung ein, der Speichelfluß der Hunde erhöhte sich nach dem Glockenton. Pawlow bezeichnete das als partielle Bekräftigung, weil die Erhöhung des Speichelflusses nach dem Glockensignal nicht immer, sondern nur teilweise durch Füttern "bekräftigt" wurde. Nachdem die Wirkung sich eingestellt hatte, daß nach dem Glockenton trotz unregelmäßigen Fütterns immer verstärkt Speichel abgesondert wurde, wollte Pawlow testen, ob das Löschen in der gleichen Weise vonstatten gehen würde wie bei der systematischen Konditionierung. Er ließ die Hunde, wie beim ersten Versuch, das Glockensignal hören, ohne sie anschließend zu füttern. Die Hunde hatten jedoch weiterhin einen erhöhten Speichelfluß, in der "ewigen Hoffnung", daß sie schließlich doch noch etwas zu fressen bekämen.

An diesem Punkt wurde das Experiment zu einem Geduldsspiel. Hätte Pawlow nach einigen Wochen aufgehört, seine Hunde den Glockenton hören zu lassen, weil ihr Speichelfluß ja jedes Mal erhöht war, wäre er zu der Schlußfolgerung gelangt, daß der Glockenton die Bedeutung des Futters übernommen hatte. An Geduld fehlte es Pawlow jedoch nicht. Als einige Wochen vergangen waren, in denen Pawlow immer wieder die Glocke angeschlagen hatte, ohne die Hunde danach zu füttern, begannen diese, nach dem Signal etwas weniger Speichel abzusondern. Zwischendurch unterbrach Pawlow den Prozeß des Löschens, indem er die Hunde überhaupt keinen Glockenton mehr hören ließ. Die Hunde wurden gefüttert, ohne daß vorher die Glocke angeschlagen wurde, und auch außerhalb der Fütterungszeit hörten die Hunde die Glocke nicht. Wenn dann nach längerer Pause das Glockensignal wieder ertönte, nahm auch der Speichelfluß der Hunde wieder zu, wie unmittelbar nach der systematischen Konditionierung. Nachdem Pawlow den Löschungsprozeß mehrere Monate lang fortgesetzt hatte, gelang es ihm, die als bedingte Reaktion auf den Glockenton einsetzende Verstärkung des Speichelflusses zu löschen. Einige Hunde reagierten jedoch auch noch nach Jahren mit erhöhtem Speichelfluß, wenn sie den Glockenton zufällig hörten, obwohl die erlernte Zunahme der Speichelabsonderung bei ihnen scheinbar gelöscht war.

Pawlows Entdeckungen wurden von Hunderten von Wissenschaftlern überprüft, wobei man feststellte, daß seine Ergebnisse richtig waren. Auch seine Annahme, daß der Glockenton ein Ersatz für das Futter ist, wurde noch durch ein anderes interessantes Experiment bestätigt. Nachdem die Hunde den Klang der Glocke gehört hatten, liefen sie zu ihr hin und begannen sie zu lecken, was darauf hinweist, daß sie die Glocke als Futter betrachteten!

Differenzierung und Generalisierung

In der Lernpsychologie ist die Konditionierung als konditioniertes Lernen bekannt. Die Wissenschaftler, die sich im Anschluß an Pawlow mit dem konditionierten Lernen beschäftigten, fragten sich, welche der neutralen Reize sich in der Situation der Konditionierung in einen bedingten Reiz umwandeln würden. Pawlow war der Ansicht, daß die räumliche und zeitliche Nähe des neutralen zum unbedingten Reiz bestimmt, ob aus einem neutralen ein bedingter Reiz wird. Rescorla (siehe in: D. Lieberman, 1993, Learning, s. 148-166) nahm dagegen an, daß nur Reize, die immer oder zumindest öfter als die sonst auftretenden neutralen Reize einem unbedingten Reiz vorangehen, nach einigen Wiederholungen konditioniert werden können. Zeitliche und räumliche Nähe waren für ihn eine notwendige, jedoch nicht ausreichende Voraussetzung für eine Konditionierung. Mit anderen Worten, je klarer erkennbar ist, daß dem neutralen Reiz ein unbedingter Reiz folgt, desto größer ist die Wahrscheinlichkeit, daß dieser neutrale Reiz konditioniert wird. Dabei finden zwei Prozesse statt: Differenzierung und Generalisierung.

Differenzierung besagt, daß der Proband im Experiment die jeweils vorkommenden neutralen Reize mit der Zeit immer besser voneinander unterscheiden lernt und dadurch auch immer genauer auf einen bestimmten neutralen Reiz reagiert. Neben dem Klang der Glocke waren die Hunde im Pawlowschen Experiment zwangsläufig noch anderen neutralen Reizen ausgesetzt, bevor sie ihr Futter erhielten; zusätzliche Reize waren z. B. Erscheinen des Experimentators, Geräusch seiner Schritte, Klopfen an die Tür und verschiedene Geräusche von außen. Nach und nach lernten die Hunde, nur auf den Klang der Glocke zu reagieren, weil die Glocke nur dann angeschlagen wurde, wenn sie unmittelbar danach gefüttert wurden. Hätten sie das Glockensignal auch unabhängig vom Füttern hören können, so hätte der Ton der Glocke das Futter nicht angekündigt, und es wäre keine Konditionierung erfolgt. Rescorla hat also entdeckt, daß diejenigen neutralen Reize, die einen unmittelbar darauf folgenden unbedingten Reiz "vorhersagen", konditioniert werden können. Die übrigen Reize, die sowohl in der Situation der Konditionierung als auch außerhalb dieser Situation vorhanden sind, können dagegen nicht konditioniert werden.

Aus dem, was Rescorla durch seine Experimente bestätigt sah, ergeben sich interessante Folgen für das praktische Leben: Beim Erlernen einer Sprache werden die Wörter in der Weise durch die Gegenstände konditioniert, daß häufig allein die Wörter ausreichen, um unser Verlangen nach dem Gegenstand befriedigen zu können. Sehnt sich ein junges Mädchen nach einem Prinzen auf einem weißen Pferd, so kann es seine Sehnsucht durch das Lesen eines Märchens befriedigen!

Generalisierung bedeutet, daß ein bedingter Reiz durch einen ihm ähnlichen Reiz ersetzt werden kann und dieser dann auch die Fähigkeit hat, die bedingte Reaktion hervorzurufen. Wenn ein Arzt in einem weißen Kittel einem kleinen Kind eine Spritze gibt, kann die Folge sein, daß das Kind sich in Zukunft vor Personen im weißen Kittel fürchtet. Die Generalisierung kann so weit gehen, daß das Kind auch Angst vor weißen Hasen hat oder sogar vor Zimmern mit weißen Wänden!

Auf die Konditionierung der Entspannung angewandt, helfen uns die Entdeckungen von Pawlow und Rescorla zu verstehen, wie verschiedene Reize zur Entspannung führen können.

Jemand kann sich bequem hinsetzen, die Körpermuskeln lockern, die Augen schließen und eine Weile bewegungslos sitzen bleiben. Wenn sich dann daraus der Zustand angenehmer Entspannung ergibt, kann diese Person den Wunsch haben, das gleiche wieder zu erfahren. Das Schließen der Augen ist an sich ein unbedingter Reiz, der überwiegend die für den Zustand der Entspannung charakteristischen Alpha-Wellen entstehen läßt. Diese Alpha-Wellen sind die unbedingte Reaktion auf einen unbedingten Reiz (Augenschließen). Im beschriebenen Fall war die Reihenfolge: bequemes Hinsetzen, Lockern der Muskeln, Schließen der Augen. Wiederholt man diesen Vorgang einige Male, wird aus dem neutralen Reiz (Lockern der Muskeln), der die größte Nähe zum unbedingten Reiz hat, ein bedingter Reiz. Er erwirbt die Fähigkeit, das Vorherrschen der Alpha-Wellen zu veranlassen. Nach dem Schema der Konditionierung entsprechen die so entstandenen Gehirnwellen der bedingten Reaktion. Gelingt es jemandem, sich zu entspannen, nachdem er seine Augen geschlossen hat, können die Reize, die dem Augenschließen vorangehen, zu bedingten Reizen werden, d.h. sie können die Entspannung hervorrufen.

Der Ablauf wird nicht immer so sein, daß vor der Entspannung die Augen geschlossen werden. Folgt der unbedingte Reiz dem neutralen Reiz nicht automatisch, sondern nur zufällig, dauert die Konditionierung wesentlich länger, als wenn der unbedingte Reiz dem neutralen Reiz jedes Mal folgen würde.

Neben der angeborenen Neigung zum Ausgleich haben die Menschen noch zwei weitere, ebenfalls angeborene Neigungen: sich anzuspannen und sich zu entspannen. Die Entspannung ist eine angeborene Reaktion auf Erschöpfung und dient der Erholung. Der Entspannung unmittelbar vorangehende Reize erwerben die Fähigkeit, einen Zustand der Entspannung herbeizuführen, ohne daß die betreffende Person Entspannung nötig

hat. Das erklärt, warum manche Menschen dazu neigen, sich bei
der Arbeit träge zu verhalten, Unbequemes hinauszuzögern, unangenehme Situationen zu vermeiden und Aufgaben, die vor
ihnen liegen, als "schwer" zu empfinden. Durch die konditionierte Entspannung wird eine falsche Denkweise ausgelöst, die
zur Folge hat, daß jemand sich so verhält, wie ich es gerade
beschrieben habe. Wir haben in unserem Leben die Möglichkeit, entweder die angeborene Neigung zur Entspannung oder
die angeborene Neigung zur Anspannung oder auch die angeborene Neigung zum Ausgleich zu fördern. Bei manchen Menschen ist die Neigung, sich zu entspannen, stärker ausgeprägt,
während die anderen von ihrem Wesen her eher zur Anspannung oder zum Ausgleich neigen.

Die Gesetzmäßigkeiten des konditionierten Lernens machen
verständlich, warum die Entspannungsmethoden auch unerwünschte und manchmal sogar schädliche Wirkungen haben.
Wenn eine entsprechende Konditionierung erfolgt, führen manche Reize in bestimmten Situationen zwangsläufig zur Entspannung. Die Folge ist häufig, daß jemand, der die Entspannung
konditioniert hat, sich bei der Arbeit plötzlich schläfrig fühlt, zu
gähnen beginnt und ein Schweregefühl in Armen und Beinen
verspürt, die typischen Anzeichen der Entspannung. Jemand, der
die Anspannung konditioniert hat, wird sich in der gleichen Situation verkrampft und blockiert fühlen. Anspannung und Entspannung sind die Extreme eines Kontinuums, dessen Mitte die
Neigung zum Ausgleich ist. Die Entspannungsmethoden können uns zum Ausgleich verhelfen, wenn wir angespannt sind. Auf
Dauer aber werden Entspannungsübungen, wenn wir sie mehrere Male wiederholen, die angeborene Neigung zum Ausgleich
blockieren.

Trance

Andreas A. Mavromatis (A. Mavromatis, 1987) hat sich in seiner Doktorarbeit mit dem Thema "Trance" auseinandergesetzt und die Trance als hypnagogischen Bewußtseinszustand bezeichnet. In der Abbildung 4 ist das klassische Model der Bewußtseinszustände dargestellt. Zum Vergleich dazu ist das, auf der Forschung von Mavromatis, Model der Bewußtseinszustände auf dem Kontinuum Anspannung-Entspannung in der Abbildung 5 präsentiert.

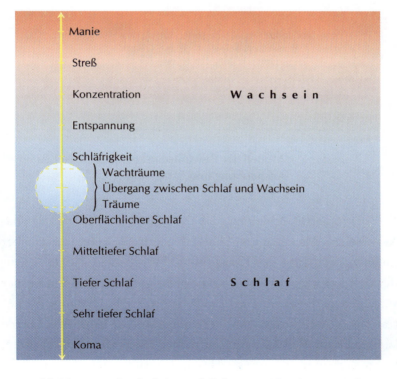

Abbildung 4: **Klassisches Modell der Bewußtseinszustände**

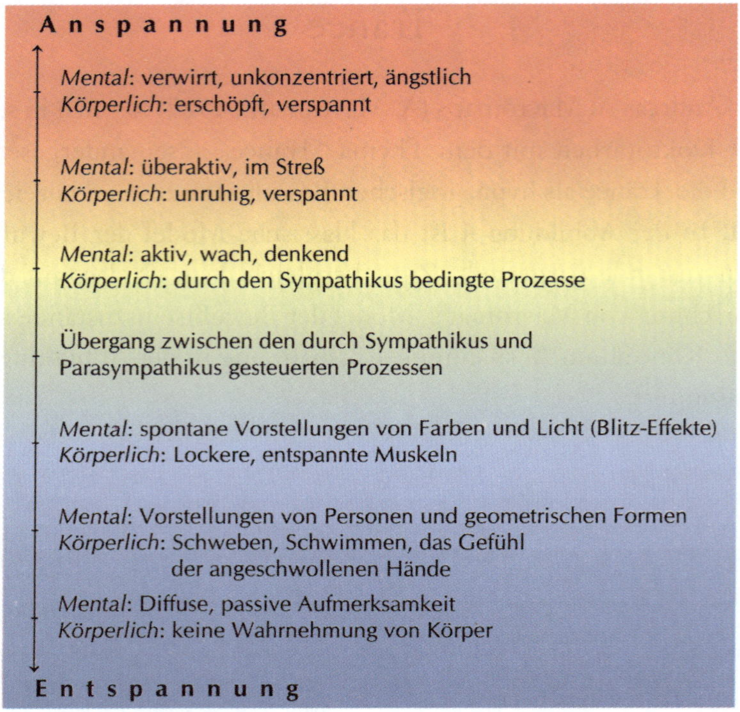

A n s p a n n u n g

Mental: verwirrt, unkonzentriert, ängstlich
Körperlich: erschöpft, verspannt

Mental: überaktiv, im Streß
Körperlich: unruhig, verspannt

Mental: aktiv, wach, denkend
Körperlich: durch den Sympathikus bedingte Prozesse

Übergang zwischen den durch Sympathikus und
Parasympathikus gesteuerten Prozessen

Mental: spontane Vorstellungen von Farben und Licht (Blitz-Effekte)
Körperlich: Lockere, entspannte Muskeln

Mental: Vorstellungen von Personen und geometrischen Formen
Körperlich: Schweben, Schwimmen, das Gefühl
                der angeschwollenen Hände

Mental: Diffuse, passive Aufmerksamkeit
Körperlich: keine Wahrnehmung von Körper

E n t s p a n n u n g

Abbildung 5: **Modell der Bewußtseinszustände zwischen
Anspannung und Entspannung**

Mavromatis fand heraus, daß die Trance eine Übergangsphase zwischen Wachsein und Schlaf darstellt. Sie befindet sich aber nicht in der Mitte des Kontinuums "Wachsein – Schlaf", sondern ist ein von Wachsein und Schlaf getrennter Zustand, der verschiedene Erscheinungsformen hat, wie z. B. Hypnose, Wachträume, Vorstellungen und Phantasiespiele. Eine Art Trance kann auch die Beschäftigung mit einer fesselnden Aktivität sein, wenn derjenige, der diese Aktivität ausübt, sich dessen nicht bewußt ist.

Die Trance ist nach der Definition von Mavromatis zufolge nichts anderes als eine tiefe Entspannung. Man kann diesen hypnagogischen Zustand als Basis für Selbsthypnose und Selbstsuggestion benutzen, womit sie sich auch für eine Aktivierung der Neigung zum Ausgleich eignet. Die Trance als solche kann aber nicht bewirken, daß sich die Neigung zum Ausgleich verwirklicht, sie fördert die angeborene Neigung zur Entspannung. Wichtig ist die Feststellung, daß die Trance eine Möglichkeit der Behandlung darstellt, wenn jemand psychophysisch stark beunruhigt ist (Panik, Wutanfall).

Autosuggestion und Selbsthypnose

Ungefähr ein Drittel aller Menschen ist für Autosuggestion und Selbsthypnose geeignet. Die für Hypnose sensiblen Menschen können ihr Bewußtsein durch autosuggestive Formeln nach ihren eigenen Wünschen "programmieren". Diese Tatsache haben die Vertreter des NLP benutzt, um Techniken zur Steuerung des eigenen Bewußtseins zu entwickeln. Dabei handelt es sich jedoch um nichts anderes als um einen Placebo-Effekt, den die Ärzte schon vor mehreren tausend Jahren kannten. Das Problem, vor dem die Ärzte seit jeher stehen, lautet: Wie läßt sich auch bei jemandem, der dafür normalerweise nicht sensibel ist, ein Placebo-Effekt erzeugen?

M. Erickson (Erickson u. a., 1991) fand heraus, wie man die sogenannte indirekte Hypnose bei Menschen anwenden kann, die auf eine direkte Hypnose nicht ansprechen. Damit gab Erickson weiteren 20 % der Menschen die Hoffnung, daß sie durch Hypnose behandelt werden können. Insgesamt kann jetzt etwa

50 % der Menschen mit Hypnose schnell therapeutisch geholfen werden. Wie man den übrigen 50 % schnell Hilfe geben
kann, ist für Hypnosetherapeuten immer noch eine offene Frage. Dabei ist davon auszugehen, daß im Prinzip jeder Mensch
hypnotisierbar ist. K. Tepperwein berichtet, daß er einmal 500
Sitzungen gebraucht habe, um einen Mann zu hypnotisieren.
Erst dann sei er in der Lage gewesen, ihm therapeutisch zu
helfen (K. Tepperwein, 1977). Mit Hypnose kann man zwar
konkrete, bildhafte Vorstellungen realisieren, aber kaum die
Neigung zum Ausgleich ansprechen. Hypnose kann bestenfalls
dazu dienen, Blockaden der Neigung zum Ausgleich aufzulösen,
wobei die Interventionen darin bestünden, jede einzelne Blok-
kade zu erkennen und durch posthypnotische Suggestionen aufzulösen.

Im Laufe der Zeit kommt es immer wieder zu neuen Blockaden der Neigung zum Ausgleich. Dies bedeutet, daß die Hypnose
als Mittel gegen Blockaden lebenslang eingesetzt werden müßte!

Autosuggestion ist nur eine abgeschwächte Form der Selbsthypnose. Weder Autosuggestion noch Hypnose können einen
Ausgleich des Bewußtseins bewirken.

Neben dem NLP möchte ich noch das Positive Denken erwähnen, das hauptsächlich mit autosuggestiven Formeln arbeitet. Positives Denken mit seinem Glücksangebot ist sehr populär und verlockend; es ähnelt dadurch dem Lotto: Von mehreren Millionen Lottospielern ziehen nur einige wenige den
Hauptgewinn (manchmal sogar keiner). Trotzdem spielen die
Leute weiter und geben Geld dafür aus, in der ewigen Hoffnung,
daß irgendwann auch sie einmal Glück haben. Es ist bekannt,
daß beim Lotto die Gewinne nur einen Teil des eingezahlten
Geldes ausmachen und daß daher mehr als 90 % der Spieler

ihren Einsatz verlieren. Ebenso gewinnen beim Positiven Denken nur die Vertreter der Idee, daß man die materielle Welt allein durch die Kraft der eigenen Gedanken steuern kann. Positives Denken begeistert die Menschen, weil es ein einfacher, leichter und bequemer Weg zu einem glücklichen Leben zu sein scheint. Was das Positive Denken den Menschen als etwas Neues anbietet, stimmt jedoch mit der Realität nicht überein, ganz im Gegenteil, es verspricht Wunder! Würde ein Journalist als Überschrift für seinen Artikel das Sprichwort "Ohne Fleiß – kein Preis!" wählen, würden sich die Leute dafür nicht weiter interessieren. Schriebe er aber statt dessen, "Ohne Fleiß – großer Preis!", hätte er damit sicher Erfolg. Das Positive Denken bietet genau das an: "Ohne Fleiß – großer Preis". Seine Vertreter kennen offensichtlich die banale Geschichte, die Journalisten schon in der ersten Stunde ihrer Ausbildung erzählt wird, nämlich, die richtige Information sei nicht: "Hund beißt Mensch!", sondern "Mensch beißt Hund!".

Es gibt eigentlich zwei Arten des Positiven Denkens: die eine will die Menschen hauptsächlich motivieren und ihnen helfen, einen gesunden Optimismus zu entwickeln. Dieses Positive Denken hat im Laufe der Zeit einem "esoterischen" Positiven Denken Platz gemacht. Das heute bevorzugte Positive Denken hat mit dem ursprünglich vermittelten gesunden Optimismus kaum mehr etwas zu tun. "Esoterisches" Positives Denken rechnet mit der dem Menschen angeborenen Neigung, bequem und ohne Mühe leben zu wollen, und spricht direkt die geringe Frustrationstoleranz an. Dadurch ruft es bei den meisten eine kurzfristige Begeisterung hervor, versagt aber auf Dauer. Die einzigen, die vom Positiven Denken tatsächlich profitieren, sind die Autoren, die Seminarleiter und deren Manager.

Positives Denken kann meiner Ansicht nach als therapeutisches Mittel kaum erfolgreich eingesetzt werden. Aufgrund meiner bisherigen Erfahrungen als Therapeut bin ich davon überzeugt, daß Positives Denken als Lebensphilosophie erlernte Hilflosigkeit zur Folge hat. Wer diese Philosophie übernimmt, versucht meistens gerade das zu erreichen, was zu erreichen ihm nicht gelingt. Er ist dadurch ständigem Mißerfolg ausgesetzt und gibt nach einer Weile auf. Depressionen sind die Folge.

Es leuchtet durchaus ein, daß Autosuggestion und Selbsthypnose nur bei wenigen Menschen die Neigung zum Ausgleich auslösen können. Eine dauerhafte Wirkung ist dabei nicht zu erwarten. Aus diesem Grund suchen wir weiter nach etwas, das einen Ausgleich des Bewußtseins herbeiführen kann.

Nachdenken und Erinnern

Unter den Begriff "Nachdenken" fallen unterschiedliche mentale Aktivitäten, wie z. B. Analyse, Synthese, induktives Denken, deduktives Denken, abstraktes Denken und Generalisierung. Es handelt sich dabei im wesentlichen um Aktivitäten der linken Gehirnhälfte.

Die höheren mentalen Funktionen sind in unterschiedlicher Weise auf die Gehirnhälften verteilt. Die linke Gehirnhälfte ist neben den aufgezählten sechs Denkarten noch für Sprache, Kritik, Mathematik, Philosophie und serielles Denken "zuständig". Die rechte Gehirnhälfte ist im Bereich Vorstellungen, Musik, Architektur, Raumorientierung und paralleles Denken aktiv. Die

Gehirnforscher heben gerne zwei grundlegende Unterschiede zwischen den Gehirnhälften hervor:

❑ Die linke Gehirnhälfte "denkt" in den Kategorien der westlichen Zivilisation, während die rechte nach Art ostasiatischer Kulturen "denkt".

❑ Die linke Gehirnhälfte ist hauptsächlich für das kritische Denken zuständig, die rechte für das Tun.

Eine umfangreiche Darstellung der Funktionen beider Gehirnhälften findet sich in der folgenden Tabelle. (Die Tabelle wurde aus dem Buch "Auf der eigenen Spur" – *Na sopstvenom tragu*, M. Vlajkov, 1990 übernommen und durch neue Informationen ergänzt.)

Tabelle 6: **Funktionen der Gehirnhälften**

Linke Gehirnhälfte	Rechte Gehirnhälfte
Logisches, analytisches und synthetisches Denken (induktives, deduktives, abstraktes Denken, Generalisierung)	Intuitives, praxisbezogenes Denken
Sprache	Bewegungen, Körperbeherrschung (Sport, Spielen auf Musikinstrumenten und ähnliches)
Kritik, kritisches Denken	Tun, Umsetzen
Mathematik	Architektur, Raumorientierung
Philosophie	Musik

Bei den meisten Menschen ist die linke Gehirnhälfte der rechten übergeordnet. Man kann deshalb verstehen, warum die meisten Menschen kluge Reden dem Tun vorziehen. Wenn es um die sogenannten "höheren" mentalen Funktionen geht, bleibt die rechte Gehirnhälfte passiv, solange die linke sie nicht auffordert, aktiv zu werden. Daraus könnte man schließen, daß die linke Gehirnhälfte die rechte Hälfte erst zu einer ausgleichenden Aktivität anregen muß. Die rechte Gehirnhälfte kann aber auch unabhängig von der linken einiges "unternehmen". Beim Autofahren z. B. kann der Fahrer über etwas nachdenken und parallel dazu das Auto steuern. Die Funktionen der rechten und der linken Gehirnhälfte (Autosteuern und Nachdenken) finden gleichzeitig statt, was zeigt, daß beide Gehirnhälften sowohl zusammen als auch unabhängig voneinander funktionieren können.

Das Nachdenken hat zwei Erscheinungsformen:

1. Man befaßt sich mit einem Thema und überläßt sich seinen Gedanken.
2. Man hat ein Problem und versucht es zu lösen.

Spontanes Nachdenken ist etwas, was die Menschen aus lauter Langeweile tun. Wahrscheinlich ist es der am häufigsten praktizierte Zeitvertreib. Sie führt zu Wachträumen und damit in die Welt der Phantasie, was immer auch einen Zustand der Entspannung nach sich zieht.

Aktives Nachdenken, als problemlösender geistiger Einsatz, beunruhigt das Bewußtsein offensichtlich und kann die Neigung zum Ausgleich blockieren. Trotzdem ist es ein hervorragendes Mittel, um zu einem Ausgleich des Bewußtseins zu gelangen.

In Japan üben die Mönche Zen, um Erleuchtung zu erlangen. Die erste Stufe auf diesem Weg besteht darin, daß sie ihre Aufmerksamkeit auf den eigenen Atem richten und gleichzeitig einen schwarzen Punkt auf dem Boden betrachten. Ihr Ziel dabei ist es, den eigenen Atem und den schwarzen Punkt wahrzunehmen, ohne dabei an etwas anderes zu denken. Wenn die Aufmerksamkeit der Mönche so stark geworden ist, daß sie sich stundenlang, ohne abzuschweifen, auf einen Gedanken konzentrieren können, stellt ihnen ihr Meditationsmeister eine bestimmte Frage, die sie zur Erleuchtung führen kann. Es muß eine "lebendige" Frage sein, denn nur dann hat sie die Kraft, den Übenden zu erleuchten. Eine Frage ist lebendig, wenn man sie nicht logisch, sondern nur intuitiv beantworten kann. Alles kann die richtige Antwort sein: eine Handbewegung, ein Wort, ein Schrei, ein Gesichtsausdruck usw.

Zusammen mit der Frage erteilt der Meister dem Schüler auch die Anweisung, auf welche Weise er die Antwort suchen soll. Wie er es gewöhnt ist, versucht der Schüler die Frage zuerst logisch zu beantworten. Nach einigen Stunden oder Tagen oder selbst nach einigen Monaten stellt er fest, daß er keine logische Antwort finden kann. Letztendlich wird ihm genau das klar, was der Meister schon am Anfang gesagt hat, nämlich, daß diese Frage nicht logisch zu beantworten ist.

Die Suche nach einer logischen Antwort dient nur dazu, das Bewußtsein zu erschöpfen und so die Blockaden des Bewußtseins aufzulösen. Erst dann hat der Schüler eine Chance, seine eigene, wahre Natur zu erkennen und dadurch zu begreifen, daß er im Grunde keine eigene Natur hat, sondern daß es nur eine Natur gibt.

Eine andere Art des aktiven Nachdenkens, das zur Erleuchtung führt, besteht darin, das Problem so zu lösen, daß man die eigene Kreativität aktiviert und schöpferisch tätig wird.

Der meditative Weg zum Ausgleich ist ein langer Weg. Es können Jahre vergehen, bis der Übende erleuchtet ist. Nur we-

nigen gelingt es, dieses Ziel bis zum Ende des Lebens zu erreichen, wobei die Mönche in Japan diesem Ziel ihr ganzes Leben
widmen.

Ein Abendländer hat im allgemeinen einen anderen Lebens-
stil und andere Lebensinhalte als japanische Mönche. Das Nachdenken über eine lebendige Frage beunruhigt ihn möglicherweise nur, statt ihm zum Ausgleich des Bewußtseins zu verhelfen..

Erinnerungen sind ein wichtiges Instrument der Psychoanalyse. Freud hat miteinander verbundene Erinnerungen als "freie
Assoziationen" bezeichnet. Eine weitere Art des Erinnerns macht
viele Menschen zu "Kühen". Aaron Beck nannte sie "Wiederkäuen". Wiederkäuen ist eine Kombination aus spontanem
Nachdenken und Erinnern, weil der "Wiederkäuer" zuerst in die
eigene Vergangenheit flüchtet und sich dann von ihr forttragen
läßt. Sowohl freie Assoziationen als auch Wiederkäuen bringen
dem "Wiederkäuer" kurzfristig Erleichterung. Auf Dauer aber
verletzt er sich damit selbst: Eine Wunde, die fast verheilt ist,
beginnt zu jucken, und wenn man sich dann kratzt, bricht sie
wieder auf. Was aussieht, als könne es einen Ausgleich herbeiführen, macht in Wirklichkeit davon abhängig. Daher kann man
verstehen, warum einige Therapeuten ihre Patienten zwischen
fünf Jahren und lebenslang betreuen!

Ohne Gedanken sein

Bisher haben wir uns mit den Aktivitäten des Bewußtseins
beschäftigt, um herauszufinden, welche dieser Aktivitäten zu einem Ausgleich des Bewußtseins führen. In der buddhistischen

Tradition entstand vor 2500 Jahren eine besondere Art der geistigen Entwicklung, die scheinbar gegen die Natur des Bewußtseins gerichtet ist. Das Bewußtsein ist von Natur aus aktiv, weil es kontinuierlich die auf das Bewußtsein zukommenden Reize wahrnimmt und das Wahrgenommene analysiert und beurteilt. Der Hauptinhalt des Bewußtseins sind also die Gedanken, die in einem bestimmten Moment gegeben sind und die entweder verbal oder als Vorstellungen ablaufen. Eine der Natur des Bewußtseins widersprechende Aktivität kann nur etwas sein, das den Hauptinhalt des Bewußtseins, d.h. die Gedanken, in den Hintergrund drängt oder auslöscht. Eine solche Aktivität wurde im Rahmen der buddhistischen Tradition als Vipassana-Meditation entwickelt; das bedeutet nichts anderes als "ohne Gedanken sein". Die allgemeine Form der Vipassana-Meditation besteht darin, daß der Übende sich an einen ruhigen Platz setzt, die Augen schließt und die eigenen Gedanken ins Bewußtsein ruft. Er sollte jeden einzelnen Gedanken wahrnehmen, ohne ihn zu bewerten, als wäre er Zuschauer im Theater und seine Gedanken die Schauspieler. Der Übende sollte den Gedanken gegenüber unvoreingenommen, zugleich aber hellwach sein und sich ständig darin üben, jeden Gedanken so schnell wie möglich zu erkennen. Er darf sich keinesfalls länger mit einem Gedanken beschäftigen, weil er dadurch nur in Trance geraten würde.

Das Ziel der Vipassana-Meditation und letztendlich aller buddhistischen Lehren ist, sich vom Leid zu befreien. Alles menschliche Leid läßt sich auf das Denken zurückführen; der Weg zu einem Leben ohne Leid führt also über das Freisein von Gedanken. Gelingt es jemandem, sich endgültig von den eigenen Gedanken zu befreien, so beginnt er, nur hier und jetzt zu leben. In diesem Fall spiegelt das Bewußtsein die Wirklichkeit wider.

Ohne Gedanken zu sein kann die Neigung zum Ausgleich von Blockaden befreien, allerdings dauert dieser Weg sehr lange und ist sehr unsicher. Von den vielen, die sich mit Hilfe der Vipassana-Meditation vom Leid befreien wollten, haben nur wenige dieses Ziel erreicht. Den anderen bleibt die Hoffnung, daß sie dieses Ziel in einem der "nächsten" Leben erreichen können.[1]

Sowohl bei der Zen-Meditation als auch bei der Vipassana - Meditation wird der Geist des Übenden durch die reine Wahrnehmung geschult.

Reine Wahrnehmung als Hauptwerkzeug der Atosmethode

Die Wahrnehmung ist phylogenetisch, also stammesgeschichtlich die älteste Aktivität des Bewußtseins. Das Bewußtsein kann nur durch die Informationen weiterentwickelt werden, die es wahrnimmt. Schon im neunzehnten Jahrhundert behaup-

---

[1]Eine der Lehren des Buddhismus bezieht sich auf Reinkarnation und Karma. Reinkarnation bedeutet, daß die Seele eines jeden Menschen nach seinem Tod den Körper verläßt und sich ein neues Lebewesen sucht. Karma bedeutet, daß jede Seele für die Sünden der Menschen, in denen sie verweilte, büßen muß, und zwar so, daß der letzte Besitzer der Seele jeweils auch für alle Sünden der bisherigen Besitzer büßt. Gelingt es dem letzten Besitzer sich vom Karma zu befreien, so wird seine Seele frei und muß nicht mehr wiedergeboren werden. Befreit er sich aber nicht vom Karma, muß seine Seele wiedergeboren werden und in einem neuen Lebewesen verweilen.

tete W. James (1890), daß man sich am besten beruhigen könne, wenn man etwas eine Weile beobachte. Er war der Ansicht,
daß es genüge, fünf Minuten in eine Kerzenflamme zu schauen,
um das eigene Bewußtsein zu beruhigen. Nicht nur in den Zen-
und Vipassana- Meditationen spielt die reine Wahrnehmung die
Hauptrolle, sondern auch in den sogenannten Konzentrationsmeditationen, wie z. B. den Mantra- und den christlichen Meditationen.

Ich habe die reine Wahrnehmung aus folgenden Gründen
zum fünften Atosprinzip gemacht:

❑ Der Übende kann selbst bestimmen, worauf er seine Aufmerksamkeit richten will. Im Gegensatz zu anderen mentalen Aktivitäten kann er die reine Wahrnehmung leichter trainieren und dabei wach bleiben, d.h. die Gefahr,
daß er von anderen Bewußtseinsinhalten gefesselt wird,
ist geringer.

❑ Wenn es sich bei dem Objekt der Aufmerksamkeit um
einen für den Übenden neutralen Bewußtseinsinhalt handelt, kann das Bewußtsein den Ausgleich erreichen. Der
Übende kann selbst nach neutralen Inhalten des eigenen
Bewußtseins suchen und herausfinden, ob ein Inhalt ihn
stört oder nicht. Findet er die neutralen Inhalte des Bewußtseins, so kann er dadurch einen Ausgleich des eigenen Bewußtseins bewirken.

❑ Befolgt der Übende das fünfte Atosprinzip, die reine
Wahrnehmung, trainiert er dadurch seine Aufmerksamkeit. Es ist die Aufmerksamkeit, die bestimmt, wie jemand
lernt, kommuniziert, denkt, arbeitet und lebt. Erhöhte
Aufmerksamkeit bedeutet auch mehr Lebensqualität.

- ❑ Die reine Wahrnehmung ist einfacher zu praktizieren als andere Aktivitäten des Bewußtseins.

- ❑ Sie ist der Ursprung jeder menschlichen Entwicklung. Die Tatsache, daß sie phylogenetisch die erste Aktivität des Bewußtseins ist, weist darauf hin, daß sie weniger als die anderen mentalen Aktivitäten Vorurteilen ausgesetzt ist. Wenn also Neigung zum Ausgleich wirklich angeboren ist, kann die reine Wahrnehmung sie am besten ansprechen.

Krischnamurti vertrat die Auffassung, daß die Menschen weder Meditationen noch andere Techniken oder Methoden brauchen, um sich weiterzuentwickeln. Es genüge, daß sie ihre Einstellung gegenüber der Wirklichkeit verändern, indem sie alles, was auf sie zukommt, wahrnehmen, ohne es zu beurteilen. Krischnamurti ging aber fälschlicherweise davon aus, daß die geistige Entwicklung allein auf der reinen Wahrnehmung beruhe. Er hat übersehen, daß die Menschen von Natur aus dazu neigen, das Wahrgenommene zu beurteilen. Einigen Menschen ist es gelungen, durch die reine Wahrnehmung den eigenen Ausgleich des Bewußtseins und des Körpers zu bewirken. Dieses Ziel zu erreichen dauert in der Regel mehrere Jahre. Darum habe ich versucht, einen kürzeren Weg zu finden, der es dem Übenden ermöglicht, "wach zu sein wie ein auf Beute lauernder Tiger und gleichzeitig gelassen, wie jemand, der nichts zu verlieren hat". Ich fand den Weg im sechsten Atosprinzip, das ich "bewegliche" Aufmerksamkeit nenne.

KAPITEL 8

BEWEGLICHE AUFMERKSAMKEIT

ALS Kernpunkt des sechsten Atosprinzips habe ich die bewegliche Aufmerksamkeit ausgewählt, da Neigung zum Ausgleich und menschliche Aufmerksamkeit in Zusammenhang stehen. Richtet man seine Aufmerksamkeit auf ein Objekt, entspricht es der menschlichen Natur, das Wahrgenommene auch sofort zu beurteilen. Beurteilung heißt aber als gut oder schlecht, angenehm oder unangenehm einstufen, wodurch Gefühle ausgelöst werden, welche die angeborene Neigung des Menschen zum Ausgleich stören können. Diese Störung des Ausgleichs läßt sich verhindern, wenn man seine Aufmerksamkeit relativ schnell, d. h. ohne dort lange zu verweilen, von einem Objekt aufs nächste richtet. Es fehlt dann die Zeit, das Wahrgenommene zu beurteilen.

Dabei habe ich mir folgende Fragen gestellt:

❏ Auf welche Objekte soll der Übende seine Aufmerksamkeit richten?

❑ Wieviel Übungen sollen ein Ganzes bilden?

❑ Wie schnell soll der Übende seine Aufmerksamkeit auf das nächste Objekt richten?

Zur Beantwortung dieser Fragen habe ich die Prinzipien der Wahrnehmung herangezogen.

Prinzipien der Wahrnehmung

Die Prinzipien der Wahrnehmung bilden den Kern der Atosmethode. Die Entdeckung der Gesetzmäßigkeiten, nach denen die menschliche Wahrnehmung funktioniert, ist ein Verdienst der Gestaltpsychologen. Mir ist immer noch unklar, warum die Wahrnehmung bisher nicht als therapeutisches Mittel eingesetzt wurde, obwohl sie doch gründlich erforscht ist. Die Arbeitspsychologen haben die Prinzipien der Wahrnehmung oft angewandt, um Arbeitsplätze angenehmer und bequemer zu gestalten, die Arbeitsleistung zu erhöhen, die Weiterbildung am Arbeitsplatz zu beschleunigen, Maschinen so zu konstruieren, daß sie den Menschen entsprechen usw. Die Vertreter des NLP nehmen an, daß mit der Richtung, in die man seine Aufmerksamkeit im Raum seiner Phantasie lenkt, jeweils bestimmte mentale Prozesse verbunden sind, daß z. B. der "innere Blick" nach links oben die visuelle Erinnerung unterstützt.

Meine Überlegungen beziehen sich auf die Objekte der Aufmerksamkeit, mit denen sich der Übende im Rahmen der Atosmethode beschäftigt. Wenn z. B. das Objekt der Übung beweglich ist, hat der Übende weniger Möglichkeiten, die eigene Aufmerksamkeit zu kontrollieren, als wenn das Objekt statisch ist.

Wie unterschiedlich die einzelnen Objekte auf den Übenden wirken, ist leicht zu erkennen. Der Leser braucht sich nur ins Gedächtnis zu rufen, welche Wirkung laute im Vergleich zu leiser Musik auf ihn ausübt. Der Gedanke, daß verschiedene Reize als therapeutisches Mittel dienen können, ist sowohl Bestandteil der Rational-Emotiven Verhaltenstherapie als auch anderer kognitiver Therapien. Irrationale Gedanken sind nach Ellis für die ungesunden Gefühle verantwortlich. Daraus folgt, daß die aktivierenden Ereignisse für die gesunden Gefühle zuständig sind. Wenn dem so ist, stehen uns zwei Wege zur Verfügung, um zum richtigen Denken zu gelangen: Den ersten schlug Ellis ein, als er untersuchte, wie man die irrationalen Gedanken erkennen, sich mit ihnen auseinandersetzen und sie durch rationale Gedanken ersetzen kann. Der zweite Weg besteht darin, die rationalen Gedanken durch schwache aktivierende Ereignisse auszulösen und die irrationalen Gedanken durch die bewegliche Aufmerksamkeit zuerst aufzulösen und sie dann daran zu hindern, wiederzukehren. Voraussetzung dafür ist, daß man seine Aufmerksamkeit so schnell wie möglich von einem Objekt auf das nächste richtet. Für die Atosmethode wurde der zweite Weg gewählt, wobei ich die Objekte der Aufmerksamkeit teilweise aus den Meditationslehren übernommen und teilweise auf der Grundlage der nachfolgend erläuterten Gesetzmäßigkeiten der Wahrnehmung entwickelt habe. Bei der Darstellung bin ich jeweils darauf eingegangen, wie sich diese Gesetze im Rahmen der Atosmethode auswirken und welche Konsequenzen für einen Atos-Anwender daraus zu ziehen sind.

1. BILD UND HINTERGRUND – Ein dunkles Bild auf einem hellen Hintergrund findet mehr Beachtung als ein helles Bild auf einem dunklen Hintergrund. Ist die Farbe des Bildes kräftiger als die des Hintergrundes, fällt das Bild schon deswegen stärker auf. Ist der Hintergrund unauffällig, wird das Bild, allein aufgrund seiner begrenzten Form, eher wahrgenommen. Die Abbildung Nr. 6 verdeutlicht die jeweilige Wechselwirkung zwischen einem Bild und seinem Hintergrund.

Abbildung 6: **Bild und sein Hintergrund**

Für die Atosmethode ist wichtig, daß die Objekte, die direkt auf das Bewußtsein einwirken, eher die Bilder als der Hintergrund sind. Die Bilder haben eine begrenzte Form und der Atos-Übende kann seine Aufmerksamkeit leicht von einem "Bild" auf das nächste richten. Der Erfolg der Atosübungen hängt davon ab, daß sie Bilder und nicht den Hintergrund zum Gegenstand haben. Ein Hintergrund kann unbegrenzt sein. Wenn der Übende seine Aufmerksamkeit über einen unbegrenzten Hintergrund richtet, kann dies den Eindruck erwecken, als bleibe seine Aufmerksamkeit an einem Objekt hängen, was zu Nachdenken und anschließenden Beurteilung führt. Das soll aber gerade vermieden werden. Ein Mensch kann nicht länger als eine Minute etwas anschauen, ohne anzufangen, das Beobachtete zu beurteilen. Die zweite Gefahr, die auf den Atos-Übenden lauert, wenn er seine Aufmerksamkeit auf einen gleichförmigen Hintergrund richtet, besteht darin, daß er auf ein "Bild" stößt, was wiederum eine Beurteilung zur Folge haben kann. Außerdem besteht die Möglichkeit, daß der Hintergrund, gerade weil er einförmig ist, den Übenden in Trance versetzt, so ist z. B. das rauschende Wasser eines Baches eine gute "Schlaftablette". Deshalb ist es für eine Atosübung besser, die Aufmerksamkeit von einem "Bild" auf das nächste zu richten, als den Hintergrund wahrzunehmen.

2. Größe – Ist ein Objekt der Wahrnehmung größer als die übrigen Objekte in unserem Wahrnehmungsfeld, so wird das große Objekt eher wahrgenommen. Voraussetzung dafür ist, daß die Objekte im Wahrnehmungsfeld, im Hinblick auf die anderen Wahrnehmungsprinzipien gleich sind. Die Abbildung Nr. 7 illustriert die Rolle der Größe bei der Wahrnehmung.

Abbildung 7: **Größe und Wahrnehmung**

Ein großes Objekt kann den Atos-Übenden bei seinem Ausgleich eher stören als ein kleines Objekt. Außerdem soll der Übende sich mehr bemühen, ein kleines, unauffälliges Objekt wahrzunehmen als ein größeres. Die aktive Suche nach einem Objekt, das vorhanden, aber kaum wahrnehmbar ist, bietet dem Übenden die Möglichkeit, vollkommen wach zu werden und sich dadurch von der Trance der falschen Gedanken zu befreien.

3. Häufigkeit – Wiederholt sich ein "kleines" Objekt mehrmals im Wahrnehmungsfeld, so wird es gleichartigen Objekten, die nur einmal erscheinen, vorgezogen. Das Wort "klein" bezieht sich hier sowohl auf die Größe des Objektes als auch auf seine Intensität. Wer ein leise gespieltes einfaches Lied nur einmal im Verbund mit anderen, lauteren Geräuschen hört, nimmt es wahrscheinlich nicht bewußt wahr. Wird das Lied aber mehrmals unter den gleichen Umständen wiederholt, erhöht sich die Wahrscheinlichkeit, daß es ihm bewußt wird. Nach diesem Prinzip funktioniert vor allem die sogenannte unterschwellige Wahrnehmung, die man anfänglich oft in der Werbung eingesetzt hat, bis sie als Werbemittel verboten wurde.

Die unterschwellige Wahrnehmung besteht darin, daß Botschaften, die so leise abgesandt werden, daß der Empfänger sie nicht bewußt wahrnimmt, dennoch aufgenommen und verarbeitet werden. Diese Botschaften werden zusammen mit Musik und gesprochenem Text übermittelt. Der Empfänger kann sie nur dann unterschwellig wahrnehmen, wenn sie innerhalb einer bestimmten Zeitspanne oft genug wiederholt werden.

In den achtziger Jahren des zwanzigsten Jahrhunderts wurden mehrfach Forschungen über die unterschwellige Wahrnehmung durchgeführt, und man hat sogar eine Art Therapie entwickelt, die als Selbsttherapie mit Tonband- und Videokassetten anzuwenden war. Inzwischen weiß man aber, daß Patienten mit Hilfe der unterschwelligen Wahrnehmung nur kurzfristig und begrenzt beeinflußt werden können und daß sich nur etwa 10 % aller Menschen dafür eignen. Es sind übrigens die gleichen, die auch Selbsthypnose und Autosuggestion bei sich selbst anwenden können, weil sie für die Hypnose "talentiert" sind.

Bestandteil der Atosmethode sind "kleine" Objekte, die häufig, aber nicht zu häufig, erscheinen. Die zeitlichen Abstände sollen so gestaltet sein, daß die Objekte ihre Wirkung bestmöglich entfalten können. Wenn ein Objekt innerhalb von einigen Minuten mehrmals auftaucht, hat der Übende die Chance, es wahrzunehmen. Wenn das Übungsobjekt im Verlauf einer Sitzung nicht erscheint, kann dies den Übenden davon abhalten, weiter zu üben. Die Übungsobjekte haben auch die Aufgabe, in einer bestimmten Weise auf den Übenden zu wirken. Dabei soll der Übende sich bemühen müssen, das Objekt zu finden, d. h. das Objekt soll in unerwarteten Intervallen kommen und gehen.

4. BEWEGTE OBJEKTE – Die Menschen reagieren eher auf bewegte als auf ruhende Objekte. Gemeint sind nicht nur Objekte, die man sehen kann, sondern auch Objekte die man hören, spüren, riechen, schmecken und sich vorstellen kann. Das Bewußtsein funktioniert so, daß es sich überraschen läßt: Kommt etwas Neues auf uns zu, so reagieren wir eher darauf als auf vorhandene und bekannte Reize.

Was man hört, kann sich hinsichtlich Lautstärke und Tonhöhe ändern; Gerüche ändern sich hinsichtlich ihrer Intensität und Art; das Auge reagiert auf Licht, das in unterschiedlicher Helligkeit und bei verschiedener Wellenlänge als Farbe vom

Auge wahrgenommen wird; es gibt vier Grundgeschmacksrichtungen: Süß, sauer, salzig und bitter. Jeder andere Geschmack läßt sich auf diese vier Grundrichtungen zurückführen. Die Art des Geschmacks hängt davon ab, welche Grundgeschmacksrichtungen beteiligt sind und im welchen Verhältnis sie sich zueinander befinden.

Wahrnehmungsarten der Haut und bewegliche Aufmerksamkeit

Die Haut ist unser größtes Organ. Sie schützt den Körper vor äußeren Einflüssen und zusätzlich ermöglicht sie dem Körper, mit der Umwelt zu kommunizieren. Mit den Sinneszellen der Haut können wir Berührungen, Druck, Schmerz, Kälte und Wärme spüren. Dabei kann man verschiedene Arten von Schmerz (oberflächlich oder tief, beweglich oder stehend, schärf oder dumpf, stechend, ziehend), Berührungen (leicht oder stark, langsam oder schnell, sanft oder grob, lokalisiert oder diffus) und Druck (oberflächlich oder tief, stechend oder diffus) unterscheiden.

Die aufgezählten Reizqualitäten sind die Grundlagen für die Empfindungen, nach denen der Übende suchen kann, um die eigene Aufmerksamkeit ständig in Bewegung zu halten. Tabelle 7 gibt einen Überblick über die Sinne sowie die entsprechenden Empfindungsqualitäten.

Jede der in der Tabelle 7 aufgeführten Modalitäten kann sich verändern oder fortdauern. Ist der Reiz unbeweglich, gewöhnt sich das Bewußtsein daran und verhält sich so, als wäre der Reiz nicht vorhanden. Die Anpassungsfähigkeit des Menschen geht

Tabelle 7: **Sinne und Empfindungen**

Auge	Lichtintensität und die Grundfarben: gelb, blau, rot und grün
Ohr	Die Wellen im Interval von 16-16.000 Db
Haut	Kälte, Wärme, Druck, Berührung, Substanzen, die eine chemische Reaktion mit der Haut verursachen und die Haut schädigen
Zunge	Süß, sauer, salzig, bitter
Nase	Düfte (es gibt mehrere Theorien über die Vielfalt von Düften, jedoch keine davon wurde endgültig nachgewiesen)
Gleichgewichtsorgan	Körperbewegungen

so weit, daß er auch dann einschlafen kann, wenn er sehr starke Schmerzen verspürt, weil er sich daran gewöhnt hat. Eine Ausnahme bilden Schmerzen, die sich ständig ändern.

Bestandteile der Atosmethode sind sowohl statische als auch bewegliche Objekte. Die Regel für Anfänger lautet: Beginnen Sie mit den Reizen, die auf sie zukommen, unabhängig davon, ob sie sich bewegen (d. h. verändern) oder "stehenbleiben". Für weitere Informationen wenden Sie sich an ihren Atoslehrer.

5. ZEIGARNIK-EFFEKT – 1926 fand Bluma Zeigarnik heraus, daß angefangene und nicht beendete Arbeiten die Schüler so fesseln, daß sie andere Arbeiten nicht beginnen wollen, ohne die unterbrochene Arbeit zuvor beendet zu haben. Auf die Wahrnehmung angewandt, bedeutet dies, daß Reize, die als eine nicht beendete Ganzheit empfunden werden, das Bewußtsein wachhalten, im Gegensatz zu Reizen, welche die "Erwartungen" des Bewußtseins vollkommen erfüllt haben. Denn diesen Reizen entsprechen bei der Atosmethode Objekte, welche die Hoffnung wecken, daß sie sich verändern werden. Sobald der Übende jedoch den Eindruck bekommt, daß ein Objekt sich nicht mehr verändert, sollte er seine Aufmerksamkeit auf das nächste Objekt richten.

6. SYMMETRIE – Die Wirklichkeit ist von ihrer Natur her unvollkommen und unsymmetrisch. Findet man etwas, das völlig symmetrisch ist, so erregt es unsere Aufmerksamkeit, wobei uns in der Symmetrie nur das anspricht, was wir sehen können. Treten Empfindungen an symmetrischen Körperteilen gleichzeitig, können sie ebenfalls als symmetrisch bezeichnet werden. Eine andere Möglichkeit besteht darin, daß zwei Reize gleichzeitig auf uns zukommen und wir sie als symmetrisch wahrnehmen, wie z. B. die Stimme einer Person links von uns und die Stimme einer anderen Person rechts von uns. Sind die Stimmen gleich, können wir sie als symmetrisch bezeichnen, wobei wir selbst die Ebene der Symmetrie sind.

Die Atosmethode benutzt sowohl symmetrische als auch asymmetrische Objekte; die symmetrischen Objekte beruhigen das Bewußtsein und wirken erholsam; die asymmetrischen Objekte wirken dagegen aktivierend und wecken die Kreativität des Übenden aus.

7. RICHTUNG – Wenn verschiedene Reize in eine bestimmte Richtung laufen, betrachtet man sie als Ganzheit. Häuser, die sich entlang einer geraden Linie befinden, bilden eine Straße; die Bäume einer Allee werden als Bestandteile der Allee wahr-

genommen und nicht als einzelne Bäume. Einige Beispiele der Abbildung 8 illustrieren dieses Prinzip der Wahrnehmung.

Abbildung 8: **Richtung und Wahrnehmung**

Die Richtung der Aufmerksamkeit kann beim Atos-Übenden darüber entscheiden, ob er selbst nach den Objekten sucht oder ob die Objekte seine Aufmerksamkeit erregen. Kommen die einzelnen Objekte auf den Übenden als Überraschung zu, kann er sich dadurch leicht in Trance versetzen; bestimmt er dagegen selbst, worauf er seine Aufmerksamkeit richtet, bleibt er wach. Die Atosmethode beruht auf der Überlegung, daß es für die Menschen besser ist, wach zu sein, als sich in Trance zu befinden.

8. NÄHE – Reize, die sich räumlich oder zeitlich nah sind, werden als Einheit wahrgenommen. Ein gutes Beispiel dafür ist der Rhythmus in der Musik. Ein japanischer Garten wird aufgrund der räumlichen Nähe seiner Bestandteile zueinander als Ganzheit betrachtet. Körperempfindungen, die unmittelbar aufeinander folgen, werden als Bestandteile eines Ganzen empfunden.

Die Objekte, die im Rahmen der Atosmethode zur Übung benutzt werden, sollen möglichst schnell aufeinander folgen. Räumlich dürfen sie sich nur so nah sein, daß sie als getrennte Objekte wahrgenommen werden können.

9. BEKANNT – UNBEKANNT – Wenn sich jemand in einer für ihn vollkommen unbekannten Stadt befindet und unter vielen fremden Gesichtern ein bekanntes Gesicht entdeckt, dann erregt dieses bekannte Gesicht seine Aufmerksamkeit eher als die anderen, die unbekannten Gesichter. Das Prinzip lautet: Wenn sich ein bekannter Reiz unter vielen unbekannten Reizen befindet, wird dieser eher wahrgenommen als die übrigen. Dieses Prinzip ist für die Atosmethode besonders wichtig, denn es erklärt, warum die Übungen der Atosmethode den Übenden mit der Zeit stärker beeinflussen und eine dauerhafte Wirkung herbeiführen.

Die Objekte, die jemand als Bestandteile seiner Grundübungen wählt, sind ihm im Laufe der Zeit vertraut. Ein Atoslehrer kann nach einer Weile für einen Klienten neue Objekte finden, sie sollten jedoch allmählich eingeführt werden, da der Übende sonst, falls er immer noch an ungesunden Gefühlen leidet, einen Rückfall erleiden kann.

10. BEDEUTUNG – Wenn ein Reiz für jemanden wichtig ist, wird er diesen eher wahrnehmen als andere Reize, die gleichzeitig auf ihn zukommen. So wird z. B. ein Autofahrer, der Hilfe benötigt, das Schild "Lotsen" eher wahrnehmen als andere, die keine Fahrinformationen benötigen.

Es ist besser, wenn die Objekte für den Atos-Übenden keine besondere Bedeutung haben. In diesem Fall kann der Übende seine falschen Gedanken mit Hilfe der Übungen auflösen und dem eigenen Bewußtsein ermöglichen, die richtigen Gedanken zu erzeugen. Die Wahrscheinlichkeit, daß der Übende richtig zu denken beginnt, nimmt mit der Zeit zu, weil die Neigung zum Ausgleich jedes Mal durch die neutralen Objekte von den Blockaden befreit wird.

11. UNBEDINGTE REIZE – In mehreren Experimenten hat man bewiesen, daß die Menschen auf manche Reize sofort reagieren, ohne die Reize zuerst zu bewerten. Dazu gehören u. a. ein plötzliches, intensives Geräusch, der Verlust des festen Bodens unter den Füßen, plötzliches intensives Licht, ein plötzlich eingetretener scharfer Schmerz usw. Die unbedingten Reize sind die Alarmsignale, die den Menschen in einen akuten Streßzustand versetzen. Solche Reize sollte man nicht zum Bestandteil der Atosübungen machen.

Die Menschen reagieren auf unbedingte Reize automatisch; deshalb ist es nicht empfehlenswert, unbedingte Reize als Objekte der Atosmethode zu benutzen. Nur in sehr spezifischen Fällen (Burnout-Patienten und schwere Depressionen) kann der Therapeut solche Objekte verwenden, um den Patienten aufzumuntern und für die Mitarbeit zu gewinnen.

Die Rolle der beweglichen Aufmerksamkeit

Manche Lehren der geistigen Entwicklung arbeiten mit der reinen Wahrnehmung, andere mit der Trance als Entwicklungsmittel. Nur Fortgeschrittene erhalten von ihren Lehrern Aufgaben, bei denen auch weitere mentale Fähigkeiten, wie analytisches Denken, synthetisches Denken, Generalisierung, oder "frei von Gedanken sein" zum Einsatz kommen. Die Besonderheit der Atosmethode besteht im Gegensatz zu allen anderen Methoden (Meditationen und Therapien) darin, daß der Übende bei den Atosübungen seine Aufmerksamkeit ständig von einem Objekt zum nächsten weiterbewegt. Diese bewegliche Aufmerksamkeit seitigt folgende Wirkungen:

- Solange jemand seine Aufmerksamkeit kontrolliert von einem Objekt zum nächsten bewegt, steigt die Wahrscheinlichkeit, daß er wach bleibt, während umgekehrt derjenige, der seine Aufmerksamkeit ununterbrochen auf ein Objekt richtet, dadurch die Wahrscheinlichkeit, wach zu bleiben, vermindert.

- Wie ich bereits erwähnte, dient die bewegliche Aufmerksamkeit dazu, den Übenden daran zu hindern, die wahrgenommenen Objekte zu beurteilen.

Dem ABC der Gefühle zufolge rufen irrationale Gedanken ungesunde Gefühle hervor. Ellis (1994) nimmt an, daß die Menschen sowohl rational als auch irrational denken, weil beides angeborene Neigungen sind. Um das Wahrgenommene zu beurteilen, braucht man Zeit; fehlt diese Zeit, entfällt die Beurteilung.

Was ist eigentlich eine richtige Beurteilung? Man versteht darunter eine Beurteilung, die mit der Wirklichkeit (also mit den Tatsachen) übereinstimmt. Die Menschen nehmen ihre Wirklichkeit, mit wenigen Ausnahmen, in den meisten Fällen richtig wahr. Erst wenn sie anfangen, darüber nachzudenken, kann sich ihre angeborene Neigung zum irrationalen Denken melden. Nur wenn der Übende seine Aufmerksamkeit schnell genug von einem Objekt zum nächsten weiterbewegt, nimmt er die Übungsobjekte wahr, ohne sie zu beurteilen. Meine Annahme ist, daß Wahrnehmungen ohne Beurteilung die rationale Denkweise fördern. Je mehr Objekte jemand richtig wahrnimmt, desto objektiver denkt er auch. Diese Annahme deckt sich mit folgenden Fakten:

❑ Menschen, die viel arbeiten, sagen, daß sie weniger Zeit zu "leiden" hätten.

❑ Die kognitive Therapie setzt bei emotional gestörten Personen sogenannte Ablenkungsaktivitäten ein. Besonders bei Patienten, die oft "wiederkäuen" und grübeln, empfiehlt es sich z. B. sie in Siebenerschritten von 100 bis 1 rückwärts zählen zu lassen (100 – 93 – 86 – 79 – ...) Die Ablenkungsaktivität verlangt vom Patienten vollkommene Aufmerksamkeit, denn während er z. B. zählt, hat er keine Zeit, seine trüben Gedanken nachzuhängen.

❑ Die Gestalttherapie verlangt von ihren Patienten, "hier und jetzt zu leben", und Untersuchungen haben gezeigt, daß die Gestalttherapie bei Depressiven gute Ergebnisse bringt (Ph. Zimbardo: Psychology and life, 1992). Die depressiven Patienten haben wenig Zeit, sich mit ihrer Vergangenheit oder Zukunft zu beschäftigen. Sie sind also fast gezwungen, ihre "schwarze" Wirklichkeit so zu akzeptieren, wie sie ist, und sich damit abzufinden. Dadurch erhöhen sie ihre Frustrationstoleranz und beginnen, die gleiche Situation in einem weniger düsteren Licht zu sehen.

❑ Auch die Vipassana-Meditation ist eine therapeutische Möglichkeit, emotional gestörten Personen zu helfen. Der Therapeut fordert den Patienten auf, seine Aufmerksamkeit auf die Inhalte seines Bewußtsein zu richten, Gedanken auftauchen zu lassen, sie zu erkennen, aber ihnen gegenüber neutral zu bleiben.

❑ Konzentrationsmeditationen bestehen darin, ein Meditationsobjekt entweder mental oder praktisch zu wiederholen. Solche Meditationsobjekte können sein: ein Wort, ein Lied, Meeresrauschen, Trommelklang usw.

❑ Zen als eine Form des Buddhismus verlangt ebenso vom Übenden, wie die Gestalttherapie, "hier und jetzt" zu sein und dabei das Bewußtsein von allen seinen Inhalten zu befreien. Nur wenn der Übende frei von Gedanken ist, kann er die Wirklichkeit so wahrnehmen, wie sie ist.

❑ Die bewegliche Aufmerksamkeit verbessert die Konzentration. Die Voraussetzung dafür ist, daß der Übende trainiert, seine Aufmerksamkeit selbst zu bestimmen. Er sollte drei- bis viermal täglich üben, aber jedes mal nicht länger als eine Minute. Wenn der Übende die Atosübungen insgesamt 40 bis 50 mal wiederholt hat, ist sein autonomes Nervensystem in der Lage, ausgleichend zu wirken.

❑ Bei Patienten, die sich einer Gestalttherapie unterzogen haben, hat man festgestellt, daß die therapeutischen Effekte bei ihnen nach einer Weile nachlassen. Solche Patienten werden zwar ihr "Leid" los, wissen dann aber nicht, was sie mit ihrem Leben weiter anfangen sollen. Im Gegensatz dazu fördert die bewegliche Aufmerksamkeit die Proaktivität des Übenden.

Wenn wir jemanden dazu motivieren wollen, etwas monatelang zu machen, sollten wir ihn jeden Tag belohnen. Das funktioniert besser als eine große Belohnung am Schluß, die er erst nach mehreren Monaten erhalten würde. Auf diesem Prinzip aus der Lernpsychologie basiert das sechste Atosprinzip, die bewegliche Aufmerksamkeit: Der Übende beschäftigt sich mit seiner Gegenwart und entwickelt gleichzeitig die Gewohnheit, sofort weiterzugehen, wenn er eine Übung beendet hat. Das Leben verläuft genauso, und wenn sich das menschliche Bewußtsein im Einklang mit den Naturgesetzen befindet, funktioniert es wahrscheinlich am besten. Eine Geschichte aus der Zen-Tradition illustriert dies auf eine einzigartige Weise:

Was ist Glück?

Ein reicher Mann, der Zen-Ghai besuchte, bat ihn eine Kaligraphie für sich und seine Familie zu schreiben. Es sollte etwas sein, was seine Familie glücklich stimme und als Leitspruch über Generationen hinweg im Gedächtnis bleiben könne. Zen-Ghai schrieb auf ein großes Reispapier: "Vater stirbt, Sohn stirbt, Enkel stirbt". Da wurde der Mann sehr ärgerlich. "Ich habe Euch gebeten, etwas zu schreiben, was meine Familie glücklich macht", sagte er, "was soll da dieser makabre Scherz?" Zen-Ghai aber erwiderte:"Das sollte kein Scherz sein. Wenn dein Sohn vor dir sterben würde, wärest du sicher traurig. Wenn dein Enkel vor deinem Sohn sterben würde, so würde das deinen Sohn und dich sehr bekümmern. Wenn dagegen deine Familie Generation für Generation in der Reihenfolge verstirbt, die ich bezeichnet habe, so ist das der natürliche Ablauf des Lebens. Das nenne ich WAHRES Glück."

TEIL 3

PRAXIS

Kapitel 9

Die proaktive Einstellung

Im Jahre 1954 veröffentlichte A. Maslow ein Buch, das unter den Humanwissenschaftlern großen Wirbel auslöste, weil es sich gegen allgemein anerkannte Überzeugungen wandte. Als Reaktion auf die vereinfachte Vorstellung menschlichen Verhaltens, wie sie von den Behavioristen vertreten wurde, unterstrich Maslow die Bedeutung von Idealen, Hoffnungen, Zielen, Visionen u.a., und er appellierte an die Wissenschaftler, diesen Zusammenhang zu erforschen.

Nach behavioristischem Verständnis reduziert sich das menschliche Verhalten auf die Beziehung von Reiz und Reaktion (vom Englischen S – R, "stimulus" und "response").

Als Beginn dieser nicht von Gefühlen und Vorurteilen bestimmten "objektiven" Psychologie gilt der im Jahre 1913 veröffentlichte Artikel von J. Watson: "Psychologie, wie sie ein Behaviorist sieht". In diesem Artikel beschrieb Watson die Aufgaben eines Wissenschaftlers in der Psychologie: Er solle nur das

erforschen, was er messen könne. Dadurch wurden die sogenannten mentalistischen Begriffe (Wille, Hoffnung, Psyche, Träume
usw.) aus der Psychologie ausgegrenzt.

Im Gegensatz dazu hat Maslow darauf gedrungen, daß sich
die Wissenschaftler nicht nur damit beschäftigen, was sie messen können, sondern vor allem damit, was für die Menschen
wichtig ist. Die Maslowsche Forderung verschaffte den mentalistischen Begriffen neue Geltung, und die Psychologen fingen
wieder an, sich damit zu befassen.

Im siebten Atosprinzip geht es um die "Proaktivität". Es geht
also um die Phänomene, die der Behaviorismus zu den "mentalistischen Begriffen" rechnet. Menschen, deren Lebens- und Bewußtseinsprozesse ausgleichend ablaufen, beginnen mit der Zeit,
eine Neigung zum "vernünftigen Genuß" zu entwickeln und ihre
Aufmerksamkeit auf Gegenwart und Zukunft zu richten. Sie
übernehmen die Verantwortung für ihr Leben selbst und arbeiten an der eigenen Entwicklung; sie identifizieren sich mental
eher mit dem Lebensprozeß, in dem sie sich befinden, als mit
dem Zustand, nach dem sie sich sehnen, oder anders ausgedrückt,
sie genießen ihr Tun, anstatt passiv zu konsumieren.

Das siebte Atosprinzip lautet: Wenn sich die Neigung zum
Ausgleich verwirklicht hat, äußert sie sich durch eine proaktive
Einstellung. Das wurde in theoretischen Konzepten und Ansät-
zen dargestellt und durch experimentelle Ergebnisse verdeutlicht.

Seit ich die Atosmethode entwickelt hatte, nahmen mehrere
tausend Menschen an Atosseminaren teil. In Deutschland gibt
es seit 1994 Atoslehrer. Die meisten Teilnehmer der Atosseminare sagen von sich, daß sie außer einer Verbesserung der Körperfunktionen auch eine Entwicklung folgender Bewußtseinsqua-
litäten beobachtet haben:

❏ Selbstverantwortung
❏ Selbstbestimmung
❏ Verantwortungsvoller Hedonismus
❏ Initiatives Denken und Verhalten

Das sind die Inhalte des siebten Atosprinzips, auf die wir im Folgenden etwas näher eingehen wollen.

Selbstverantwortung

Die Teilnehmer der Atosseminare bestätigen, daß sie die eigenen Mißerfolge im Laufe der Zeit immer weniger anderen Menschen anlasten, sondern daß sie für ihre Entscheidungen und Taten selbst einstehen. Sie entwickeln eine wesentlich kritischere Einstellung gegenüber ihren Mitmenschen und sich selbst und beginnen, sich vernünftiger zu verhalten. So erledigen sie z. B. zuerst die "unangenehmen" und "langweiligen" Aufgaben, ohne weiter darüber nachzudenken, wie unangenehm sie sind; erst dann beschäftigen sie sich mit den Dingen, die ihnen Spaß machen. Sie leben nach der Maxime: "Carpe diem!", was wörtlich übersetzt heißt: "Nutze den Tag!" und soviel bedeutet wie "Lebe das Leben jetzt, weil du nicht weißt, ob du morgen noch am Leben bist!" Und "Denke an deine Zukunft, was du jetzt säst, trägt erst viel später Früchte; Korrekturen sind dann nicht mehr möglich, weil jeder sein Leben immer nur als Premiere lebt!")

Viele der Teilnehmer entscheiden sich für die geschäftliche Selbständigkeit, um ein selbstbestimmteres Leben führen zu können. Dies ist eine Folge der Einstellung, daß sie ganz allein für ihr Leben verantwortlich sind.

Selbstbestimmung

Rotter (vgl. in B. Weiner: Human Motivation, 1985, S. 248-272) hat 1954 den Begriff "Locus of control" in die Psychologie eingeführt, was "Ort der persönlichen Kontrolle" oder "Kontrollüberzeugung" bedeutet und den Standort eines Menschen auf dem Kontinuum "Außen-Innen" bezeichnet; d. h. ob ein Mensch glaubt, daß er sein Leben selbst bestimmt oder daß es von Ereignissen kontrolliert wird, auf die er keinen Einfluß hat. Charakteristisch sind für ihn folgende Überzeugungen:

❑   Entweder wird sein Leben von äußeren Faktoren bestimmt und er ist seinen Lebensumständen ausgeliefert; Schicksalsschläge, die ihn treffen, kann er nicht beeinflussen;

oder

❑   Sein Leben hängt von ihm selbst ab, und sein Tun bestimmt, was er aus seinem Leben macht.

Bei den Teilnehmern der Atosseminare verschiebt sich der Ort der persönlichen Kontrolle auf dem "Außen- InnenA-Kontinuum von außen nach innen. Die Einstellung, daß sie selbst für ihr Leben zuständig sind, läßt sie auch wirklich anfangen, ihr Leben selbst in die Hand zu nehmen.

Sie eröffnete einen kleinen Laden...

Sie war 35 und unzufrieden mit ihrem Leben, als sie zum Atosseminar kam. Aufgrund ihrer Sprachkenntnisse hatte sie eine anspruchsvolle Position bei einer großen Firma und war von ihrem Können überzeugt. Trotzdem drückte ihr Gesicht Unzufriedenheit aus, die Augen waren ohne Glanz, die Gesichtshaut blaß und müde, die Lippen bildeten eine feste, ausdruckslose Linie. Ihre ganze Körperhaltung offenbarte das Bedürfnis, sich zu setzen, weil ihre Beine sie kaum noch tragen konnten.

Mit ihrem Mann kam sie nicht mehr zurecht, ihr Chef machte ihr laufend Probleme, sie fühlte sich "ausgebrannt" und hatte eigentlich keine Hoffnung, daß sich noch etwas zum Besseren wenden könnte. Der Psychologe hielt sie für depressiv; der Psychiater bezeichnete ihren Zustand als "NeurasthenieA; ihre Eheberaterin schlug ihr vor, sich scheiden zu lassen, während ihr Hausarzt sagte, sie dürfe nicht mehr arbeiten.

Durch vieles Fragen, das dazu diente, mir über ihre Probleme Klarheit zu verschaffen, erhielt ich schließlich die Antworten, die ich brauchte, um für sie passende Aufgaben auszuwählen. Im Laufe von insgesamt acht Übungen sollte sie acht festgelegte Reize nacheinander so wahrnehmen, daß der achte Reiz wieder zum ersten zurückführte. Diesen Zyklus mußte sie mehrmals wiederholen. Es war für sie in ihrem apathischen Zustand ein schweres Stück Arbeit, sich dreimal täglich fünf Minuten so stark zu konzentrieren. Sie übte jedoch fleißig und kam noch sechsmal zu einer therapeutischen Sitzung.

In ihrem Tagebuch schrieb sie, daß sie mit der Zeit wesentlich leichter und konzentrierter übte als am Anfang. Schließlich hatte sie sogar Freude an den Übungen. Nach zwei Monaten war es dann soweit. Sie fühlte sich besser und wollte ihr Leben neu gestalten.

Ich stellte fest, daß ihre Augen wieder Glanz hatten, daß sie aufrecht stand wie eine Kerze und daß ihre Haut viel jünger aussah. Obwohl ihr Mann sich nicht änderte, ließ sie sich nicht scheiden. Sie blieb in der Firma, aber sie war belastbarer. Später kündigte sie, um einen kleinen Laden aufzumachen.

Inzwischen sind Jahre vergangen, und heute gehört ihr ein beachtliches Unternehmen, das aus dem kleinen Laden entstanden ist. Ihre Lippen lächeln, und ihr Gesicht strahlt Freude aus. Statt dem Schicksal ausgeliefert zu sein, fühlt sie sich als "Herrin" ihres Schicksals.

Als ich sie vor einem Jahr wieder traf, sagte sie, ihre besten Freunde seien die Atosübungen; auf meine Frage, was Atos ihr gebracht habe, gab sie mir zur Antwort:

"Zufriedenheit, bisweilen ein Glücksgefühl, gute Laune, eine stabile Gesundheit und ein tiefes Vertrauen in mich selbst. Eigentlich denke ich, daß die Atosmethode meinen Blick nach vorne gerichtet hat, und als ich meinen kleinen Laden eröffnete, gaben mir die Atosübungen die Kraft, mit den Herausforderungen richtig umzugehen und nie aufzugeben."

"Verantwortungsvoller Hedonismus"

Ellis (vgl. W. Dryden und J. Yankura: Counselling Individuals: A Rational-Emotive Handbook, 1933) hat den Ausdruck "verantwortungsvoller Hedonismus" geprägt, um damit die rationale Philosophie der Rational-Emotiven Verhaltenstherapie (REVT) zu kennzeichnen. Das Wort "Hedonismus" kommt vom griechischen "hedone", was "Lust" bedeutet. Ein Hedonist ist ein "Genießer", einer, für den Genuß und Genußfähigkeit das höchste Lebensziel darstellen. Was aber hat der Hedonismus mit REVT gemeinsam, was verbindet ihn mit einer so spartanischen Lehre?

Verantwortlicher Hedonismus bedeutet, die Folgen des eigenen Handelns zu berücksichtigen. Wenn jemand Kuchen liebt, kann er als "Genießer" jeden Tag eine Menge Süßigkeiten essen. Zu viel Süßes kann jedoch zu Zuckerkrankheit oder zur Übersäuerung des Blutes führen. Der Preis des übertriebenen Genusses wäre Krankheit. Genießt er die Süßigkeiten "verantwortungsvoll", d. h. maßvoll, hat er gute Aussichten, auf Dauer gesund zu bleiben.

Die Forderung nach verantwortungsvollem Hedonismus drückt sich auch darin aus, daß REVT-Therapeuten von ihren Patienten erwarten, daß sie sich "quälen" und sich gerade den Situationen aussetzen, vor denen sie sich fürchten. Wer jetzt die Verantwortung für sich selbst übernimmt und im Augenblick auf den Genuß eines angenehmen Lebens verzichtet, dem eröffnet sich die Chance, später schwierige Lebenssituationen besser zu bewältigen. Wenn wir uns den Situationen, vor denen wir Angst haben, stellen, können wir uns so von der Angst befreien. Wir werden dann die gleichen Situationen später mit Bravour meistern und das genießen.

Verantwortungsvoller Hedonismus ist nichts anderes als eine Erscheinungsform der Proaktivität. Die Veränderung, welche die Atosmethode bei den Menschen bewirkt, führt dazu, daß die Teilnehmer im Laufe der Zeit immer stärker dazu neigen, ihr Leben zu planen, sich Ziele zu setzen, an der eigenen Entwicklung zu arbeiten, im Einklang mit der Natur zu leben und ihren Mitmenschen zu helfen. Sie richten ihren Blick nach vorne und beginnen, eher spontan als geplant, verantwortungsvoll zu genießen.

Initiatives Verhalten

Zu den positiven Folgeerscheinungen des siebten Atosprinzips gehört auch initiatives Verhalten. Teilnehmer der Atosseminare, die regelmäßig üben, werden bei der Arbeit aktiv und zeigen Unternehmungsgeist. Sie brauchen keine genauen Anweisungen für jeden einzelnen Schritt, es reicht die Bezeichnung der Aufgabe, um sich zurechtzufinden. In der Familie bemühen sie sich, mit ihren Angehörigen flexibel umzugehen, aufkommende Probleme zu lösen und eine gute Familienatmosphäre zu fördern.

Besonders wichtig ist die Feststellung, daß die Proaktivität mit Hilfe der Atosübungen bei allen Menschen aktiviert werden kann. Auch wenn manche Störungen genetisch bedingt sind, kann jemand, der an einer solchen Störung leidet, zu ausgeglichenen Lebensprozessen kommen.

Es gibt praktisch drei Möglichkeiten, die angeborene Neigung zum Ausgleich zu aktivieren:

- ❑ Durch die bewegliche Aufmerksamkeit kann man Blockaden der Neigung zum Ausgleich auflösen. Beispiele dafür bietet die Anwendung der Atosmethode bei verschiedenen psychosomatischen Störungen. Die Atoslehrer hatten in ihren Seminaren schon viele Teilnehmer, die an Migräne, Asthma, Gastritis oder essentiellem Bluthochdruck litten und nach einigen Monaten beschwerdenfrei waren.

- ❑ Durch manche Reize läßt sich die Neigung zum Ausgleich direkt ansprechen, das zeigt z. B. die Tatsache, daß Androsteron, ein Duft aus dem Achselschweiß des Mannes, bewirkt, daß die Periode der Frau regelmäßiger wird! Dieser Duft wird von Frauen nur während des Eisprungs als angenehm empfunden. Der Duft des weiblichen Achselschweißes und des Vaginalsekrets wirkt auf den Mann beruhigend. Während des Schlafes können dadurch Atemprobleme und Herzrhythmusstörungen beseitigt werden! Androsteron wird übrigens seit kurzem als therapeutisches Mittel bei Frauen mit unregelmäßigem Zyklus eingesetzt.

❑ Durch unterschiedliche, auf die spezielle Problematik abgestimmte therapeutische Maßnahmen können Blockaden neutralisiert oder abgebaut werden. So behandelt man z. B. Patienten, die an einer endogenen Depression leiden, gleichzeitig medikamentös und psychotherapeutisch.

Initiatives Verhalten äußert sich im Wunsch, sich von seinen Problemen zu befreien und die eigene Lebensqualität zu verbessern. "Sich von seinen Problemen befreien" heißt, sich schmerzfrei und ohne emotionale Probleme fühlen zu wollen, was durch den Satz von J. von Bentham bestätigt wird, daß Vergnügen und Schmerz die obersten Herren aller Menschen sind! Was es bedeutet, "die eigene Lebensqualität zu verbessern", hängt von der Einstellung der betreffenden Person ab. Die Proaktivität als einer der Atoseffekte fördert die angeborene Neigung des Menschen, sich Neuem und Überraschendem auszusetzen; dadurch entwickelt er sich weiter. Menschen, deren Neigung zum Ausgleich aktiviert ist, wollen sich mehr als andere weiterentwickeln und weiterbilden; sie setzen sich genaue Ziele und arbeiten an deren Verwirklichung, sie fühlen sich verantwortungsvoll für ihre Kontakte mit anderen Menschen und kümmern sich durch gezielte Erholung um die eigene Gesundheit.

Praktische Auswirkungen der Proaktivität

Mit einigen meiner Teilnehmer stand ich über mehrere Jahre in regelmäßigem Kontakt. Nach einiger Zeit zeigten sich bei ihnen Veränderungen: Sie bemühten sich um ein besseres Familienleben. Sie fingen an, mit anderen Menschen effektiver zu kommunizieren; auch waren sie daran interessiert, ihre Kenntnisse und ihr Wissen zu erweitern. Viele von ihnen machten sich auch selbstständig.

1990, als die Atosmethode durch die Veröffentlichung des Buches "Auf der eigenen Spur" erstmals einem größeren Kreis bekannt wurde, begann ich mich zu fragen, ob ich mir die Veränderungen bei meinen Teilnehmern nur einbildete, oder ob die Teilnehmer sich im Vergleich zu ihren Mitmenschen tatsächlich veränderten. Ich stellte mir diese Frage aus rein persönlichem Interesse. Der folgende Text ist ein Bericht über meine in diesem Zusammenhang gemachten Beobachtungen. Ich möchte dazu anmerken, daß die Aufzeichnungen keinesfalls als eine streng wissenschaftlich durchgeführte Studie zu verstehen sind.

Zwischen 1990 und 1995 beobachtete ich die Teilnehmer der Atosseminare und verglich ihr Leben mit dem Leben anderer Menschen, zu denen ich Kontakt hatte. Ich ging dabei von der Annahme aus, daß sich bei den Teilnehmern, die die Atosprinzipien befolgen, auch die Neigung zum Ausgleich aktiviert würde, woraus sich bestimmte Veränderungen in ihrem Denken, Fühlen und Verhalten sowie für ihre Gesundheit und ihre Lebensqualität ergeben müßten.

Die Atoslehrer, die ich während dieser Zeit ausgebildet hatte, berichteten mir, daß bei ihren Teilnehmern vor allem die Schwierigkeiten verschwänden, die sie jahrelang gequält hatten.

Eine seltene Schlafstörung

So konnte eine Frau, die an einer seltenen Schlafstörung (Somnolepsie) litt, nach einigen Atossitzungen nachts wieder normal schlafen und tagsüber wach bleiben. Ihr Hauptproblem war gewesen, daß sie keine Kontrolle über ihren Wachzustand hatte. Sie schlief plötzlich ein, wobei es keine Rolle spielte, womit sie gerade beschäftigt war. Im Büro überfiel sie der Schlaf vor dem Computer, beim Einkaufen nickte sie in der Schlange ein und wenn sie beim Essen plötzlich hochschrak, merkte sie, daß sie eingeschlafen war. Als die Atosübungen erste Erfolge zeitigten, erklärte sie, jetzt endlich habe sie begonnen, bewußt zu leben. Ihre Aufmerksamkeit war besser geworden, und sie konnte sogar die Annäherung eines "Schlafanfalls" erkennen. Da sie bei der Arbeit nun wach blieb, merkte sie, daß ihr Chef geradezu darauf wartete, daß sie einschlief. Ihre Lebensqualität nahm zu: Sie fing an, ihr Essen zu genießen und entdeckte, wieviel Spaß es macht, sich mit anderen zu unterhalten oder beim Fernsehen den Faden einer Filmhandlung nicht mehr zu verlieren, weil sie zwischendurch eingeschlafen war.

Bei meinen Gesprächen mit den Teilnehmern der Atosseminare achtete ich besonders auf folgende Punkte:

1. **Selbstbestimmung** – Bei Teilnehmern der Atosseminare ist davon auszugehen, daß sie überzeugt sind, ihr Leben selbst gestalten zu können. Daher sollten sie, anders als Menschen, die sich ihrem Schicksal ausgeliefert fühlen und ihr Leben von äußeren Faktoren abhängig machen und ohne Initiative sind, Verantwortung für das eigene Leben übernehmen und sich entsprechend initiativ verhalten. Diese Dimension ihrer Persönlichkeitsstruktur wurde unter dem Begriff "Kontrollüberzeugung" oder "Ort der eigenen Kontrolle" bereits beschrieben.

2. **Gesundheit** – Im Vergleich zu Menschen, deren Neigung zum Ausgleich blockiert ist, sind Menschen, deren Neigung zum Ausgleich aktiv ist, weniger anfällig für ansteckende Krankhei-

ten. Sie erkranken seltener, und wenn sie einmal krank werden, erholen sie sich schneller.

3. **Kommunikation** – Die Neigung zum Ausgleich sollte Teilnehmern der Atosseminare ermöglichen, auf einen Gesprächspartner besser einzugehen, im Dialog bewußt zu bleiben, den Faden des Gesprächs nicht zu verlieren und gelassen zu bleiben.

4. **Umweltbewußtes Verhalten** – Atosteilnehmer sollten ihre Umwelt allein schon deshalb bewußter als andere wahrnehmen, weil sie wacher als ihre Mitmenschen sind. Das sollte sich auch in Kleinigkeiten ihres Verhaltens äußern, wie z. B. bei der Abfallentsorgung, beim Einkaufen, im Straßenverkehr usw.

5. **Ernährung** – Atosteilnehmer sollten sich gesünder als die meisten anderen Menschen ernähren und Freude am Essen haben, ohne jedoch unkontrolliert zu essen oder dabei zuzunehmen. Eine Erscheinungsform der Neigung zum Ausgleich ist der sogenannte "Stabilisierungspunkt" (vom Englischen "set point"), der angeboren ist und das Körpergewicht bestimmt. Die "Stabilisierungspunkt-Theorie" geht davon aus, daß das Körpergewicht eines jeden Menschen genetisch programmiert ist. So erklärt sich, warum manche Menschen, die viel essen, trotzdem schlank bleiben, während andere, die sich mit Diäten quälen, im Laufe der Zeit zunehmen!

Nach der Stabilisierungspunkt-Theorie kann der "Stabilisierungspunkt" aber bis zu einem gewissen Grade beeinflußt werden: Wenn jemand sein Gewicht auf Dauer verringern möchte, obwohl sein Stabilisierungspunkt hoch liegt, sollte er zuerst abnehmen und dann das erreichte Körpergewicht mindestens zwei Jahre lang aufrechterhalten. Abnehmen heißt dabei "f. d. H." –

"friß die Hälfte", denn entscheidend ist, wieviel jemand ißt und nicht wieviele Kalorien er durch Körperaktivitäten verbraucht. Der Stabilisierungspunkt paßt sich durch Veränderung des Wirkungsgrades in der Nährstoffausnutzung über längere Zeit der Menge der aufgenommenen Nahrung an, d. h. wenn jemand durch Sport an Gewicht verliert, nimmt er wieder zu, sobald er aufhört, Sport zu treiben.

Wissenschaftler haben festgestellt, daß Menschen, deren Körpergewicht durch ihren Stabilisierungspunkt kontrolliert wird, widerstandsfähiger gegen Krankheiten sind als solche, die ihre "Idealfigur" durch ständiges Fasten, Diäthalten oder durch "Fitness" erreichen. Der Mensch nimmt ohnehin ab dem 35. Lebensjahr durchschnittlich 250 g bis 500 g pro Jahr zu. Wehrt er sich dagegen, erhöht sich die Wahrscheinlichkeit, daß er sich eine chronische Krankheit zuzieht.

6. **Lernen** – Die Teilnehmer der Atosseminare sollten den Wunsch haben, sich Wissen anzueignen und sie sollten leichter, schneller und effektiver als andere lernen, wobei ich davon ausgehe, daß sie das Erlernte praktisch anwenden und auf Dauer behalten.

Neugierig zu sein ist der normale Zustand des menschlichen Bewußtseins. Reize, die auf uns einwirken, sind "Futter" fürs Gehirn: Je mehr Reizen das Gehirn ausgesetzt ist, desto wacher wird es. Im abendländischen Kulturraum ändern sich die Lebensbedingungen des Menschen von Tag zu Tag nur wenig. Daher gewöhnt sich das Gehirn mit zunehmendem Alter an die Reize, denen es ausgesetzt ist. Während Kinder aktiv und neugierig sind, leben die Erwachsenen, mit wenigen Ausnahmen, in ihrer alltäglichen Trance. Sie sind entweder verspannt oder entspannt!

Wird bei Erwachsenen die Neigung zum Ausgleich aktiviert, befindet sich das Gehirn in seinem normalen Zustand: Es sucht nach etwas, das neu und überraschend ist. Wenn jemand, dessen Neigung zum Ausgleich sich eingestellt hat, nicht gefordert wird, würde sein Gehirn "sich selbst überraschen", d. h. es würde aktiver und kreativer! So ist zu verstehen, warum im Bewußtsein eines Meditierenden, während er versucht, sich auf sein Meditationsobjekt zu konzentrieren, spontan Gedanken auftauchen und Vorstellungen entstehen: Meditation ist ein Weg, die Leere des Bewußtseins zu erreichen. Wenn es jemandem gelänge, einen einzigen Augenblick ohne Gedanken zu sein, würde sein Gehirn schöpferische Kräfte entfalten und sich selbst überraschen. Etwas Ähnliches geschieht, während wir schlafen und auch danach: Ist jemand ausgeschlafen, gehen ihm viele ungewöhnliche Gedanken durch den Kopf. Denn wenn die äußeren Anregungen fehlen, schafft sich das Gehirn die Anregungen selbst. Auf diese Weise wird die höchste mentale Funktion des Menschen gefördert, die Kreativität. Die Teilnehmer der Atosseminare müßten eigentlich mehr Kreativität als andere entwickeln.

7. **Persönliche Entwicklung** – Die Neigung zum Ausgleich wirkt sich in zweifacher Weise aus: Sie bewahrt das Leben und unterstützt die Lebensprozesse, und sie fördert die Entfaltung des individuellen Potentials. Bisher haben wir uns vor allem mit der erstgenannten Wirkung der Neigung zum Ausgleich beschäftigt. Die zweite Wirkung klingt auf den ersten Blick paradox: Wenn die Lebensprozesse ausgleichend ablaufen, sollte man es doch eigentlich dabei belassen. Wie kann man dann sagen, daß die Neigung zum Ausgleich nicht nur für die Aufrechterhaltung der Lebensprozesse sorgt, sondern daß sie sich in ihren verschie-

denen Erscheinungsformen ständig ändert, komplexer und dadurch zum "Motor" der Entwicklung wird?

Das autonome Nervensystem kontrolliert und reguliert die Körperprozesse, die nicht bewußt beeinflußt werden können, wie z. B. Verdauung, Drüsenfunktionen, Durchblutung. Es steht mit dem zentralen Nervensystem in Verbindung, das für das Bewußtsein "zuständig" ist.

Ist das autonome Nervensystem gestört, wird das Bewußtsein blockiert.

Ein Trance-Zustand entsteht durch eine Parasympathikus-Dominanz, wohingegen Verspannung und Aufregung durch eine Sympathikus-Dominanz verursacht werden. Ein Mangel an Reizen oder ein Zustrom von bekannten, sich wiederholenden Reizen wirkt entspannend. Gute Hypnotiseure wissen das. Wenn sie jemanden hypnotisieren wollen, der für Suggestionen nicht sensibel ist, verwenden sie gleichzeitig mehrere sich wiederholende Reize, (wie z. B. den Klang eines Metronoms, monoton gesprochene Suggestionen wie "Deine Arme werden schwer, deine Augenlider werden schwer, deine Beine werden schwer...") sowie ein bewegliches Pendel und führen parallel dazu eine sich gleichförmig wiederholende Berührung am Nacken des Probanden aus.

Überanstrengung erschöpft das Bewußtsein: Obwohl das Gehirn nur 8 % des Gesamtkörpergewichts ausmacht, verbraucht es zwischen 15 % und 40 % des gesamten Sauerstoffs im Körperhaushalt. Darüber hinaus ist das Gehirn der größte Verbraucher von Blutzucker.

Wir können uns das Gehirn als eine Kerzenflamme vorstellen, den Mangel an Reizen oder den Zustrom sich wiederholender Reize als Mangel an Sauerstoff und die Überanstrengung

als ein Zuviel an Sauerstoff. Der Sauerstoff unterhält das Feuer.
Reicht er nicht aus, brennt die Flamme schwächer, was der
Entspannung und dem Zustand der Trance entspricht. Bei einer übermäßigen Zufuhr an Sauerstoff wird die Flamme zuerst
sehr groß und verlöscht danach sehr schnell.

Ergebnisse der Forschung

Die deutlichsten Veränderungen waren bei den Seminarteil-
nehmern festzustellen, die die Atos-Grundübungen mindestens
sechs Monate lang regelmäßig ausgeführt hatten.

Ich beobachtete sie im Vergleich mit einer Kontrollgruppe,
da es mich interessierte, wie sich die Entwicklung von Personen ohne Aktivierung der Neigung zum Ausgleich im gleichen
Zeitraum darstellen würde.

Die Veränderungen zeigten bei der gesamten Kontrollgruppe
die im folgenden beschriebene Tendenz. Im Hinblick auf Selbstbestimmung, Lernerfolge und persönliche Entwicklung machten sie nur Rückschritte. Auch wenn ihnen ihre Arbeit nicht
gefiel, wollten sie ihre Arbeitsstelle nicht wechseln. Sie fühlten
sich dort finanziell abgesichert und zogen es vor, das Risiko eines Neuanfangs zu vermeiden. "Neuanfang" hätte nämlich bedeutet, sich selbstständig zu machen oder nebenberuflich etwas
zu unternehmen. Sie wußten zwar, was sie nicht wollten, konnten mir aber nicht sagen, was für eine Tätigkeit sie vorgezogen
hätten. Im Laufe der Zeit beschäftigten sie sich immer weniger
damit, ihr Wissen zu erweitern. Sie betrachteten das Lernen als
eine Qual, die man auf jeden Fall vermeiden mußte, wenn man

glücklich leben wollte. Statt dessen verbrachten sie ihre Freizeit vor dem Fernseher oder gingen aus, wenn das Wetter schön war. Am Sport waren sie meistens nur als Zuschauer interessiert; viel lieber besuchten sie Cafes oder Restaurants. In der Folge erhöhte sich ihr Körpergewicht, und ihre Gesundheit verschlechterte sich. Ihre Gewohnheiten verfestigten sich, und sie fühlten sich nur dann wohl, wenn alles genauso lief, wie sie es gewöhnt waren. Auf das Älterwerden reagierten sie mit Resignation und hatten keinerlei Bedürfnis, etwas dagegen zu unternehmen. Wenn möglich vermieden sie Unangenehmes und befaßten sich nur mit Dingen, die ihnen Spaß machten: Schlußverkäufe hatten auf sie eine magische Anziehungskraft, und sie liefen von einem Laden zum anderen, auch wenn ihre Schränke vor Kleidung fast überquollen. Ihr Hauptinteresse galt nach wie vor Autos, Haus und Urlaub. Sie betrachteten Bücher als etwas Belastendes und aktives, konzentriertes Denken als eine ausgesprochen lästige Beschäftigung. Obwohl sie in ihrem Leben etwas verändern wollten, wußten sie häufig nicht was, und wenn sie es wußten, fehlte ihnen der Mut dazu. Ihre Gespräche drehten sich um Essen, Urlaub, Sport und den Erfolg der anderen, mit dem Ergebnis, daß sich ihre alltägliche lauwarme Trance innerhalb von fünf Jahren verstärkte!

Auch die Atosteilnehmer veränderten sich, aber anders als die Kontrollgruppe: Sie verwirklichten ihren Wunsch nach Unabhängigkeit. Wer schon selbständig tätig war, erweiterte das Spektrum seiner Leistungen, während sich andere entweder nebenberuflich oder hauptberuflich selbständig machten.

Sie achteten auf ihre Gesundheit und verbesserten sie durch richtige Ernährung. Anfangs hatten sie Schwierigkeiten, aktiv zu lernen, aber ihre Neugierde wuchs und sie erkannten, daß Lernen die einzige Möglichkeit ist, die eigene Neugierde zu befriedigen. Parallel dazu fingen sie an, Sport zu treiben, auch wenn es Mühe kostete. Mit der Zeit aber machte Sport ihnen zunehmend Spaß. Sie joggten, fuhren Fahrrad und wanderten, nicht weil sie eine bestimmte Leistung anstrebten, sondern weil sie die Verantwortung für ihre Gesundheit übernommen hatten und sich ein eigenes Leben aufbauen wollten, statt sich dem Schicksal zu ergeben.

Die Neigung zum Ausgleich wurde bei den Teilnehmern der Atosseminare auf unterschiedliche Weise aktiviert: Wer an psychosomatischen Störungen litt, wurde davon frei. Durch den Ausgleich zwischen Sympathikus und Parasympathikus verbesserten sie sowohl ihre Verdauung als auch ihre Atmung; ihr Blutdruck normalisierte sich, und sie konnten besser schlafen: Sie schliefen leichter ein und wachten morgens von allein auf. Das Aufwachen fiel ihnen leichter als in der Zeit, in der sie die Atosübungen noch nicht erlernt hatten.

Die Atosteilnehmer arbeiteten aktiv an der eigenen Entwicklung. Statt auf das richtige Ziel im Leben zu warten oder an das Schicksal zu glauben, probierten sie viele Tätigkeiten aus, bis sie herausgefunden hatten, was ihnen zusagte, dabei blieben sie dann. Sie begriffen, daß Motivation oder der Wunsch, aktiv zu sein, sich selten von allein einstellen und daß der richtige Weg heißt: Aktion – Motivation – noch mehr Aktion. Sie besuchten viele Seminare, besonders solche, in denen es um die persönliche Entwicklung ging. Damit befähigten sie sich zu besseren sozialen Kontakten und steigerten so ihre Lebensqualität. Soziale Kontakte sind ein wesentlicher Bestandteil der Lebensqualität, weil sich viele Lebensziele nur gemeinsam mit anderen Menschen verwirklichen lassen, wie z. B. lieben und geliebt werden,

Wissen erwerben und das eigene Wissen weitergeben, eine Familie gründen, Kinder erziehen usw.

Die Ergebnisse der beschriebenen Untersuchung habe ich mit den Berichten der Atoslehrer verglichen. Ihre Beobachtungen stimmten mit meinen Ergebnissen überein. Die Atoslehrer hatten ebenfalls festgestellt, daß ihre Seminarteilnehmer kreativer geworden waren, was ich als eine Besonderheit der Atosmethode betrachte. Da jeder Mensch schöpferisch denken kann, begann ich mich zu fragen, ob die Kreativität frei wird, weil die Neigung zum Ausgleich nicht mehr blockiert ist, oder ob sie direkt durch die Atosübungen freigesetzt wird. Die Antwort darauf steht noch aus. Sicher ist jedoch, wer Atosübungen macht, wird kreativer. Die Teilnehmer der Atosseminare begannen, ihr Leben mit viel Phantasie umzugestalten: Sie experimentierten mit dem Essen und lernten verschiedene Kochrichtungen kennen. Licht, Farben, Düfte, Musik, Geschmack und Kommunikation wurden zum Bestandteil ihrer Lebensqualität und gewannen in dem Maße an Bedeutung, wie die Teilnehmer feinfühliger wurden und ihre eigene Kreativität auf den zuvor genannten Gebieten erprobten. Ihr Zuhause wurde ihnen wichtig, und sie entwickelten bei der Einrichtung ihrer Wohnung Phantasie, wobei auch Düfte eine Rolle spielten. Ihr Gesicht, ihr Lächeln und ihre Körperhaltung zeigten, daß sie zufriedener geworden waren.

Folgende Tabelle verdeutlicht den Unterschied zwischen der Kontrollgruppe und den Teilnehmern der Atosseminare.

Tabelle 8: **Forschungsergebnisse**

	Atosteilnehmer	**Kontrollgruppe**
Selbstbe-stimmung	Ort der persönlichen Kontrolle innen, initiativ, neugierig, aktiv	dem Schicksal ausgeliefert, von außen bestimmt, ohne Initiative, passiv
Gesundheit	mit der Zeit besser, psychosomatische Leiden gelindert, chronischer Streß abgebaut	Gesundheit schlechter, Zunahme der psychosomatischen Störungen, fühlten sich mit der Zeit immer mehr unter Druck gesetzt
Kommuni-kation	flexibel, wortgewandt, durch neue Fähigkeiten bereichert, durch die wieder zusätzliche Informationen aufgenommen werden können	uninteressant, ausdrucksschwach, stereotyp, beschränkt auf Alltagsthemen
Umweltbe-wußtes Verhalten	umweltfreundlich; Verantwortungsgefühl gegenüber der Natur	ichbezogen
Ernährung	gesund, den Körperbedürfnissen angepaßt und angemessen	unkontrolliertes und übermäßiges Eßbedürfnis, nur auf momentanes Vergnügen beim Essen ausgerichtet
Lernen	aktiv, wissensdurstig	Vermeidungsverhalten, am Lernen wenig interessiert
Persönliche Entwicklung	interessiert an der persönlichen Entwicklung, Langzeitperspektive, Planung, richtige Kontakte und kreatives Leben	meistens nur interessiert am Essen und Fernsehen; am Sport nur als Zuschauer und mit blockierter Kreativität

Erfahrungen aus der klinischen Praxis

Seit 1986 bilden die Atosprinzipien die theoretische Grundlage meiner psychotherapeutischen Arbeit. Dabei hat sich gezeigt, daß sich die Atosübungen insbesondere für die Vorbereitung anderer therapeutischer Einsätze eignen. Hat jemand eine Panikattacke, so kann er sich mit dem "Atosschlüssel" schnell selbst helfen. Die emotionalen Probleme sind aber erst nach sechsmonatigem Üben endgültig verschwunden: Zuerst werden die Symptome der Angst schwächer, dann faßt die betreffende Person Mut, sich den Situationen auszusetzen, vor denen sie Angst hat, und schließlich beginnt sie zu experimentieren, wobei sie ihre Angst erträgt, bis sie sich davon befreit hat.

Kindern, die an Konzentrationsschwäche litten, haben die Atosübungen geholfen, ihre Aufmerksamkeit zu stärken und ihre schulischen Leistungen zu verbessern. Kinder, die zusätzlich einmal täglich mit dem "Konzentrator" übten, stärkten so ihr Gedächtnis und begannen, aktiv zu lernen. Auch Lampenfieber und Mangel an Selbstsicherheit wurden mit den Atosübungen erfolgreich bekämpft.

In der Praxis gibt es jedoch zwei Probleme, die man im Rahmen einer Therapie nur mit großen Schwierigkeiten lösen kann: das eine Problem besteht darin, das Unangenehme zu "ertragen", und das andere, auf das Angenehme zu verzichten. Beide hängen mit der Frustrationstoleranz zusammen. Für Patienten mit einer geringen Frustrationstoleranz erwies sich die Atosmethode als besonders geeignet. Sobald ich es aber den Patienten überließ, selber zu entscheiden, ob und wann sie üben wollten, wirkte sich ihre Frustrationstoleranz aus, und sie hörten schon bald wieder damit auf. Nur diejenigen, die zusammen mit ihren Familienangehörigen und darum auch regelmäßig geübt haben, wurden richtig motiviert und konnten ihre Toleranzschwelle erhöhen. Wenn jemand mit einem solchen Problem zwei- bis dreimal wöchentlich in einer Gruppe übt, kann er sich in sechs bis acht Monaten von seinen Schwierigkeiten befreien und beginnt, sich gerade den Situationen auszusetzen, die er bisher aus lauter Angst vermieden hat.

Die Atosmethode eignet sich in besonderem Maße für Menschen, die nicht suggestibel sind: Sie lernen, ihre Aufmerksamkeit genau zu kontrollieren. Einerseits werden sie wach, weil sie sich von ihrer lauwarmen Trance befreien, andererseits erwerben sie die Fähigkeit, ihren Bewußtseinszustand selbst zu bestimmen. Dadurch sind sie in der Lage, Hypnose und Selbsthypnose so einzusetzen, als hätten sie ein "Talent" dazu. Sie können sich entweder hypnotisieren lassen oder sich selbst in tiefe Trance versetzen.

Viele Patienten und Teilnehmer, denen ich die Atosübungen vermittelte, entwickelten sich zu "handlungsorientierten" Menschen. J. Kuhl (1994) entdeckte, daß Menschen entweder handlungs- oder lageorientiert sind. Die Teilnehmer meiner Atosseminare bzw. meine Patienten leben "hier und jetzt", was auf eine "Handlungsorientierung" hinweist. Sie sind sich dessen durchaus bewußt und befassen sich zugleich verantwortlich mit ihrer Zukunft. Sie schmieden Pläne, setzen Ziele und realisieren sie, pflegen Kontakte mit Menschen, die ihre Interessen teilen, bilden sich weiter und arbeiten an ihrer persönlichen Entwicklung.

Die Atoslehrer in Deutschland haben bisher in ihren Seminaren und Einzelsitzungen einige Hundert Teilnehmer mit sehr unterschiedlichen Problemen unterrichtet. Als besonders wirkungsvoll haben sich die Atosübungen bei Medikamenten- und Drogenabhängigen erwiesen. Einige Medikamentenabhängige berichten, daß sie angefangen hätten, mit ihren Medikamenten zu experimentieren, wobei sie festgestellt hatten, daß bei einer verringerten Dosis keine Entzugserscheinungen auftraten.

Kapitel 10

Atospraxis und Atosseminare

Der Leser wird nun erwarten, daß die Atosübungen beschrieben und dazu Anweisungen für ihre Ausführung gegeben werden. Leider läßt sich diese Erwartung nicht ganz erfüllen. Die Atosübungen wurden so aufgebaut, daß sie einfach zu verstehen sind und keine besonderen körperlichen Fähigkeiten verlangen. Voraussetzung für den Erfolg ist jedoch, daß von Anfang an richtig geübt wird.

Wie dem dritten Atosprinzip zu entnehmen ist, geht es zunächst einmal um einen geistigen Prozeß, der vom Atosteilnehmer bewußt mitzugestalten ist. Neben der Frage, **was** gemacht wird, ist bei der Atosmethode ganz entscheidend, **wie** es gemacht wird. Gerade weil die Übungen für jeden ohne weiteres nachvollziehbar sind, ist die Gefahr groß, daß sie falsch ausgeführt werden.

"Entspanne Dich", hat man uns allen immer wieder empfohlen. Und da Entspannung etwas Angenehmes ist, befolgen wir diesen Rat nur allzu gern. Geht man jedoch mit einer solchen Einstellung an die Atosübungen heran, hat man schon nach kurzer Zeit eine falsche Gewohnheit entwickelt, die sich schnell tief einprägt und nur in einem langwierigen Prozeß wieder abgebaut werden kann. Deshalb lassen sich die Atosübungen nur in einem Atosseminar bzw. in Einzelsitzungen richtig erlernen.

Wenn ich in einem Gespräch die Atosmethode erwähne, werde ich in den meisten Fällen gefragt, was denn die Atosmethode überhaupt sei. Nachdem ich die Frage beantwortet habe, höre ich oft, etwas Ähnliches habe man schon gemacht. Den Atoslehrern ergeht es ebenso. Wenn sie die Atosübungen beschreiben, sehen die Anwesenden in den dargestellten Übungen gerne das, was sie bereits kennen, sei es NLP, AT, Yoga, Meditation, Gesprächstherapie, Psychoanalyse, TA usw. Um solche Mißverständnisse zu vermeiden, möchte ich zunächst einmal erklären, was die Atosmethode nicht ist. Erst dann kommt die Antwort auf die Frage, worum es sich bei der Atosmethode handelt.

Atosübungen sind keine Körperübungen

Unter dem Wort "Übung" verstehen viele Leute immer noch ausschließlich eine körperliche Betätigung, obwohl man auch mental üben kann, wie z. B. zweistellige Zahlen miteinander multiplizieren, das eigene Gedächtnis mit Hilfe von Eselsbrücken trainieren oder das rationale Denken schulen.

Die Anleitung durch den Atoslehrer sorgt dafür, daß die Seminarteilnehmer das Wesen der Übungen erfassen. Was "wach sein" bedeutet, darauf wurde in diesem Buch schon mehrfach hingewiesen. Der Atoslehrer erklärt, wie man die eigene Aufmerksamkeit richtig einsetzt. An den Rückmeldungen der Teilnehmer kann er ablesen, ob die Übungen verstanden wurden; falls erforderlich, kann er korrigierend eingreifen. Nur so ist sichergestellt, daß das Ergebnis der Bemühungen nicht Entspannung, sondern Ausgleich der Lebens- und Bewußtseinsprozesse als Grundlage für eine bessere Lebensqualität ist. Deshalb lassen sich die Atosübungen nur in einem Atosseminar bzw. in Einzelsitzungen richtig vermitteln.

"Fitness" ist in Mode! Unabhängig von ihren körperlichen Gegebenheiten versuchen vor allem junge Menschen, sich im Fitness-Center eine Traumfigur anzutrainieren. Wer davon ausgeht, daß die Atosübungen den Fitness-Club ersetzen, befindet sich im Irrtum. Obwohl Atosübungen manchmal auch Körperübungen sein können, dienen sie nicht dazu, die Körperform zu verändern, sondern nur dazu, daß sich die Neigung zum Ausgleich in ihren verschiedenen Erscheinungsformen meldet. Deshalb besteht keine Ähnlichkeit zwischen den Atosübungen und sonstigem Körpertraining. Aber auch mit weniger muskelbildenden Übungen wie Yoga, T'ai-Chi oder Körpermeditationen werden völlig andere Ziele verfolgt als mit den Übungen der Atosmethode.

Atosübungen sind keine Atemübungen!

Die Atmung ist eine Körperfunktion, die von einem Zentrum im verlängerten Mark, dem Atemzentrum, gesteuert wird:

Dieser Atemzentrum besteht aus einem inspiratorischen und einem expiratorischen Teil, die den Wechsel von Einatmung und Ausatmung bewirken. Die Atmung läßt sich beeinflussen, doch nur zum Teil. Man kann seinen Atem beschleunigen, verlangsamen oder kurz anhalten. Als Kind habe ich einmal gesehen, wie ein Junge seinen Atem drei Minuten lang angehalten hat. Nach drei Minuten wurden seine Lippen zuerst blaß und dann blau, auch seine Fingerspitzen wurden blau, er begann zu zittern, und es standen ihm Schweißtropfen auf der Stirn. Dann fing er wieder an zu atmen. Schwindlig sei ihm geworden, erzählte er, und am Ende habe er nicht mehr gewußt, ob er schlafe oder wache. In diesem Zustand konnte er seinen Atem nicht mehr kontrollieren, so daß seine Lungen wieder anfingen, selbstständig zu arbeiten.

Für die Kontrolle durch Willenskraft ist das Gehirn zuständig. Wenn jemand seinen Atem anhält, wird das Gehirn nicht ausreichend mit Sauerstoff versorgt. Dadurch läßt die Willenskraft mit der Zeit nach, und schließlich ist das Bedürfnis nach Sauerstoff – von einer Minute zur anderen – stärker als der Wille.

Ebenso wie die Körperbewegungen kann auch der Atem Bestandteil von Atosübungen werden. Der Vorgang des Atmens wird dann jedoch nicht als Körperfunktion geübt, sondern dient als Objekt, auf das der Übende gemäß den Atosprinzipien seine Aufmerksamkeit richtet. Atemübungen können dazu dienen, das Bewußtsein zu beruhigen oder chronischen Streß abzubauen. Sie können dem Übenden als Vorbereitung für die Atosübungen dienen. Eine dieser Übungen heißt "Ausschalten der Sinne", und die folgende Anweisung zeigt, wie sie ausgeführt wird.

Ausschalten der Sinne

In der indischen Tradition ist diese Übung unter dem Namen "Pratiahara" bekannt. Ursprünglich sollte "Pratiahara" dem Übenden ermöglichen, seine Sinne "zurückzuziehen". Die Sinne werden als verlängerte Körperteile betrachtet, wobei sich die Grenze des Selbst nach tibetischer und indischer Tradition am äußeren Rand der Wahrnehmung befindet. Wenn der Übende seine Sinne zurückzieht, nimmt er nichts mehr wahr. Auf diese Weise befreit er sich von störenden Reizen und beruhigt das eigene Bewußtsein. Es gibt einige Hundert Formen von "Pratiahara". Hier werde ich eine besondere Form demonstrieren, die den Atosprinzipien entspricht. Um die Übung richtig zu machen, lesen Sie bitte den folgenden Text solange sorgfältig durch, bis Sie den Sinn der Übung verstanden haben. Danach befassen Sie sich mit der Technik der Übung. Erst dann sollten Sie sie praktisch durchführen. Es ist zu empfehlen, daß Ihnen jemand die Anweisung für das "Ausschalten der Sinne" laut vorliest.

Anweisung für die Übung "Ausschalten der Sinne"

Setzen Sie sich auf einen Stuhl oder in einen Sessel, nehmen Sie eine bequeme Körperhaltung ein und halten Sie den Kopf gerade. Versuchen Sie, sich während der Übung nicht zu bewegen.

Schließen Sie die Augen und achten Sie auf alle Geräusche, die Sie hören. Registrieren Sie die Geräusche, ohne sie zu bewerten und ohne dabei an etwas anderes zu denken. Es wird Ihnen wahrscheinlich nicht gelingen, die Geräusche wahrzunehmen, ohne gleichzeitig an etwas anderes zu denken. Daran dürfen Sie sich jedoch nicht stoßen. Daß Gedanken vorhanden sind, können Sie erst nach deren Auftauchen erkennen. Mir ist nur eine Person bekannt, die fähig ist, den Fluß der Gedanken zu unterbrechen, sie "einzufrieren" und neue Gedanken am Erscheinen zu hindern. Es ist also zu erwarten, daß auch bei Ihnen Gedanken auftauchen. Stellen Sie sich immer wieder auf die Geräusche ein. Falls keine Geräusche vorhanden sind, warten Sie darauf, daß etwas geschieht...

Richten Sie jetzt Ihre Aufmerksamkeit gezielt auf die lautesten Geräusche. Suchen und finden Sie das lauteste Geräusch, das auf Sie zukommt. Werden Sie wach wie ein auf die Beute lauernder Tiger und gleichzeitig gelassen, wie jemand, der nichts zu verlieren hat!

Wenn Sie merken, daß Sie in eine Gedankenkette geraten sind, richten Sie Ihre Aufmerksamkeit auf Ihren Atem. Nehmen Sie Ihren Atem wahr, ohne ihn zu verändern. Atmen Sie weiter so, wie es Ihrem Körper am besten entspricht. Sobald Sie feststellen, daß Sie wieder in einer Gedankenkette festhängen, versuchen Sie Ihren Atem geräuschlos strömen zu lassen.

Beobachten Sie nun Ihren Atem. Versuchen Sie, geräuschlos zu atmen. Sollten Sie Ihren Atem immer noch hören können, bemühen Sie sich, noch leiser zu atmen. Auch wenn Sie Ihren Atem dann nicht mehr hören können, weil Sie so leise atmen, hören Sie nicht auf, Ihre Aufmerksamkeit weiter auf ein mögliches Atemgeräusch zu richten. Fahren Sie damit fort, bis Ihnen bewußt wird, daß Sie wieder in eine Gedankenkette geraten sind. Dann öffnen Sie die Augen.

Die Übung "Ausschalten der Sinne" dauert nicht länger als einige Minuten. In den meisten Fällen wirkt sie beruhigend auf das Bewußtsein und baut chronischen Streß ab. Die Muskeln des Übenden werden locker, aber nicht schlaff, seine "lauwarme Trance" wird gelöscht und durch Wachsein ersetzt. Obwohl das Objekt der Übung auch der Atem ist, lautet das Ziel der Übung, weder die Atmung zu beeinflussen noch über die Atmung Einfluß auf andere Prozesse oder Körperteile des Übenden zu nehmen.

Die Atosmethode läßt sich nicht auf andere Therapien zurückführen

Während einer therapeutischen Sitzung kann der Therapeut seinen Patienten auffordern, die Augen zu schließen und mit geschlossenen Augen den Anweisungen zu folgen, an etwas zu denken, sich an etwas zu erinnern oder sich etwas vorzustellen. Ein Psychoanalytiker erwartet z. B. von seinen Patienten, daß sie "frei assoziieren", was "übersetzt" bedeutet, daß sie alles, was ihnen durch den Kopf geht, direkt aussprechen. In einer Gestaltsitzung dagegen kann der Patient die Anweisung erhalten, sich vorzustellen, wie er sich mit einer fiktiven Person auf dem "leeren Stuhl" über ein bestimmtes Thema unterhält, während ein Verhaltenstherapeut wiederum seinen ängstlichen Patienten von Angst befreien kann, indem er ihn in der Weise mit der angstauslösenden Situation konfrontiert, daß der Patient sich die angstauslösende Situation vorstellt und in der vorgestellten Situation so lange verweilt, bis die Angst schwächer geworden ist. Dieses alles vollzieht sich bei geschlossenen Augen.

Die Atosmethode hat mit anderen therapeutischen Richtungen nur die geschlossenen Augen gemein. Die Teilnehmer der Atosseminare üben meistens mit geschlossenen Augen, nicht weil sie so üben sollen, sondern weil viele es als leichter und angenehmer empfinden.

Wenn die Seminarteilnehmer wollen, können sie aber auch mit offenen Augen üben. Eine Übung wird ohnehin zuerst mit offenen Augen durchgeführt, und erst nachdem der Übende die Logik der Übung verstanden hat, soll er versuchen, mit geschlossenen Augen zu üben. Nur in diesem Detail gibt es eine Übereinstimmung mit anderen Therapieformen.

Atosmethode und Psychoanalyse

Einige Freunde, denen ich die Atosübungen vorstellte, fragten mich, ob die Atosmethode aus der Psychoanalyse hervorgegangen sei. Sie begründeten ihre Frage mit dem Hinweis, daß sich sowohl während einer psychoanalytischen Sitzung als auch während der Atosübungen viele Gedanken ins Bewußtsein schleichen, ohne daß man darauf einen Einfluß hat.

Wie schon erwähnt, läßt sich das nicht verhindern. Das einzige, was man dabei tun kann, ist, die Gedanken zu erkennen und durch andere zu ersetzen. Therapien, die mit dem Bewußtsein der Menschen arbeiten, regen zwangsläufig das Denken an. Diese Ähnlichkeit zwischen Atosmethode und Psychoanalyse bedeutet jedoch nicht, daß die Atosmethode aus der Psychoanalyse abgeleitet wurde. Die Atosmethode steht in keinem Zusammenhang mit der Psychoanalyse.

Die klassische Psychoanalyse, wie sie Freud in den neunziger Jahren des 19. Jahrhunderts begründete, hat im Laufe der Zeit viele Zweige hervorgebracht, die den Menschen anders verstanden, als Freud das tat, und auch die menschliche Natur anders erklärten. Da sind vor allem die sogenannten "Neoanalytiker". Zu ihnen gehören u.a. Jung, Horney, Fromm, Adler und Reich. Die "Neoanalytiker" verfolgen das gleiche Ziel wie alle anderen Psychotherapeuten: Menschen zu helfen, die an psychischen Störungen leiden.

Während einer typischen psychoanalytischen Sitzung liegt der Patient auf einer Couch und hat die Aufgabe, frei zu assoziieren, d. h. alles zu sagen, was ihm spontan einfällt. Der Therapeut interveniert meistens nur dann, wenn der Patient etwas mehrmals wiederholt. Der Therapeut geht davon aus, daß der

Patient sich von seiner Störung befreien wird, wenn er einsieht, wo sie herkommt. Die Therapie dauert mindestens zwei Jahre oder mehr und basiert auf einem äußerst komplexen theoretischen Ansatz.

Atosmethode kann als eine Ergänzung bei der Psychoanalyse eingesetzt werden. Erreicht nämlich der Patient durch die psychoanalytisch orientierte Therapie Genesung, kann er die therapeutischen Effekte durch die Atosmethode aufrechterhalten. Außerdem kann die der Atosmethode zugrundeliegende Theorie als Beurteilungskriterium für die Wirksamkeit der Therapie angewandt werden. Normalisiert sich z. B. der Schlaf des Patienten, sein Appetit, sein Blutdruck, sein hormoneller Haushalt, sowie seine Bewußtseinsprozesse, weiß der Therapeut, daß er auf dem Weg ist, die Neigung zum Ausgleich beim Patienten von den Blockaden zu befreien und zu aktivieren.

Atosmethode und Verhaltenstherapie

Die Verhaltenstherapie besteht darin, Reize so einzusetzen, daß die Symptome der Krankheit beim Patienten verschwinden. Die Verhaltenstherapie basiert auf der Lernpsychologie, und zwar auf den Grundsätzen des instrumentellen und konditionierten Lernens. Psychische und psychosomatische Störungen lassen sich durch diese Grundsätze erklären. Im Gegensatz zur Verhaltenstherapie geht die Atostheorie davon aus, daß psychische Krankheiten durch Blockaden der Neigung zum Ausgleich entstehen. Während man im Rahmen der Verhaltenstherapie Reize einsetzt, um die Symptome einer Störung zu beseitigen, verwendet die Atosmethode Reize, um die Störung als solche zu beseitigen, indem sie die Neigung zum Ausgleich direkt anspricht.

Die Atosmethode geht ebenfalls nach den Grundsätzen der Lernprinzipien vor, jedoch nicht, um Störungen zu verstehen, sondern um die Neigung zum Ausgleich durch Reize zu konditionieren und es der betreffenden Person zu ermöglichen, die ausgleichenden Prozesse nach Bedarf abzurufen.

Bei der Atosmethode besteht die Möglichkeit, daß der Atoslehrer Techniken der Verhaltenstherapie anwendet, um die Teilnehmer auf die Atosübungen vorzubereiten. Dabei sucht er nach den Techniken, die beim Übenden die Neigung zum Ausgleich aktivieren, indem sie seine Aufmerksamkeit "fesseln", ohne dabei die Blockaden der Neigung zum Ausgleich direkt anzugreifen. Besonders wirksam sind die sogenannten Ablenkungsaktivitäten. Wenn ein Teilnehmer eines Atosseminars z. B. Lampenfieber hat, kann er sich helfen, indem er in Siebenerschritten von 100 rückwärts zählt (100, 93, 86, 79, usw.) Da das Zählen seine gesamte Aufmerksamkeit beansprucht, lenkt es ihn von den Gedanken ab, die das Lampenfieber verursachen.

Als Albert Ellis und Aaron Beck entdeckten, daß falsches Denken zu emotionalen Problemen und unangemessenem Verhalten führt, wurden diese Erkenntnisse von den meisten Verhaltenstherapeuten anerkannt. In der Folge übernahm die Verhaltenstherapie auch einige dieser Erkenntnisse; daraus entwikkelte sich die kognitive Verhaltenstherapie. Auch die Atosmethode bedient sich einiger Techniken der kognitiven Therapie. Das Kriterium aber, nach dem in den Atosseminaren falsche Gedanken durch richtige ersetzt werden, ist nicht das gleiche wie in der kognitiven Verhaltenstherapie. Der Verhaltenstherapeut, der nach kognitiven Prinzipien arbeitet, sucht zunächst

nach den Fakten, auf die sich die falschen Gedanken beziehen
und anschließend nach den Fakten, die mit den richtigen Gedanken im Einklang stehen. Das Kriterium, nach dem der Atosberater oder Atostherapeut die Gedanken beurteilt, basiert auf
der Neigung zum Ausgleich: Ist ein Gedanke der Neigung zum
Ausgleich förderlich, wird er als richtig betrachtet, stört er dagegen die Neigung zum Ausgleich, wird er durch einen geeig-
neten Gedanken ersetzt.

In den meisten Fällen fördern Gedanken, die vom Standpunkt der kognitiven Verhaltenstherapie aus richtig sind, auch
die Neigung zum Ausgleich. Nur dann, wenn sich nicht nach-
prüfen läßt, ob ein Gedanke richtig ist, wenden Atosberater und
Atostherapeut die Neigung zum Ausgleich als Kriterium an. Wie
sich kognitive Verhaltenstherapie und Atosmethode in der Praxis voneinander unterscheiden, zeigt folgendes Beispiel:

Ich kann das nicht!

Die kognitive Verhaltenstherapie setzt sich mit dem Gedanken "ich kann das nicht" folgendermaßen auseinander:
Bisher habe ich vieles gekonnt. Diese Situation ähnelt Situationen, mit denen ich schon fertig geworden bin. Ich habe
auch schon etwas Ähnliches gemacht. Außerdem haben andere das auch gekonnt. Also kann ich es wahrscheinlich auch!

Die Atostherapie geht so vor:
Ich kann das nicht!
Ich weiß nicht, ob ich das kann. Ich will es aber. Ich probie-
re es.

Während kognitive Verhaltenstherapie und Rational-Emotive Verhaltenstherapie dem Patienten begründen, warum ein
Gedanke richtig ist, überläßt es der Atosberater bzw. Atosthe-

rapeut dem Patienten, die Richtigkeit des Gedankens selbst zu
überprüfen oder aber den ungewissen Ausgang zu akzeptieren.

Neben der Verhaltenstherapie und der Psychoanalyse sowie
den auf diese zurückzuführenden Therapien gibt es einige Hundert weitere Psychotherapien, von denen einige sehr bekannt
sind, wie z. B. Gestalttherapie, Transaktionsanalyse, Logotherapie und Neurolinguistisches Programmieren. Jemand, der sich
mit Therapien auskennt, kann Gemeinsamkeiten der Atosmethode mit diesen Therapieformen erkennen. Diese Gemeinsamkeiten sind jedoch zufälliger Art. Am besten läßt sich die Atosmethode verstehen, wenn man sie neutral betrachtet.

Um Mißverständnisse zu vermeiden, sei im folgenden nochmals zusammenfassend hervorgehoben, was die Atosmethode
nicht ist:

❏ Bei der Atosmethode handelt es sich nicht um irgendeine Form von Gesprächstherapie.

❏ Die Atosmethode ist keine Entspannungsmethode, obwohl sie eine gute Vorbereitung für Entspannung sein
könnte. Die Tatsache, daß die Teilnehmer der Atosseminare meistens mit geschlossenen Augen üben, bedeutet nicht, daß die Atosmethode eine Art Hypnose oder
Selbstsuggestion darstellt, ganz im Gegenteil, Atosübungen fördern die Wachheit des Übenden.

❏ Die Atosmethode ist keine Bewußtseinsmanipulation.
Darin unterscheidet sie sich von Positivem Denken, NLP,
den geführten Meditationen und der Psychokybernetik.

❏ Die Atosmethode ist keine Körperarbeit oder Körpertherapie. Sie hat mit Massage jeglicher Art nichts zu tun.
Radixtherapie, Bioenergetik, Rebirthing und Reiki sind
von der Atosmethode vollkommen getrennte Gebiete.

❑ Die Atosmethode ist keine esoterische Disziplin, obwohl ihre theoretische Grundlage teilweise auch die geheimen Überlieferungen der tibetisch-chinesischen Tradition miteinbezieht.

❑ Die Atosmethode ist weder identisch mit der traditionellen Heilkunde noch mit der Naturheilkunde. Mit der Naturheilkunde hat sie aber ein gemeinsames Ziel: die Lebensprozesse zu fördern und Störungen zu beseitigen. Die Art, wie sie das erreicht, macht die Besonderheit der Atosmethode aus: Die Atosübungen schwächen die Blockaden der Neigung zum Ausgleich dadurch, daß sie den Übenden veranlassen, seine Aufmerksamkeit auf etwas Neutrales zu richten, so daß die Heilkräfte des Übenden ihre Wirkung entfalten können.

Was ist die Atosmethode

Die Atosmethode ist ein Verfahren, das der Atosberater bzw. der Atostherapeut zur Behandlung eines gestörten Systems anwendet. Das zu behandelnde System kann dabei jedes sich selbstregulierende System sein, in dem die Neigung zum Ausgleich alle Prozesse optimal beeinflußt. Dabei wird davon ausgegangen, daß die Neigung zum Ausgleich eine wünschenswerte Neigung ist, weil sie die "Gesundheit" und Entwicklung des Systems fördert und unterstützt.

Der Einsatz eines Atosberaters sieht von Mensch zu Mensch sehr unterschiedlich aus. Da die Neigung zum Ausgleich viele

Erscheinungsformen hat, muß man zunächst feststellen, welche der Erscheinungsformen gestört sind. Erst daraus ergeben sich die jeweiligen Maßnahmen. Einige Maßnahmen dienen nur zur Beseitigung einer ganz bestimmten Ausgleichsabweichung, während andere eine ganze Reihe von Ausgleichsabweichungen beseitigen können.

Im folgenden möchte ich eine komplexe Atosübung darstellen. Sie ist für jedermann geeignet, ruft keine schädlichen Nebenwirkungen hervor und hat auf ganz unterschiedliche Lebensprozesse einen ausgleichenden Einfluß. Wenn Sie diese Übung machen möchten, suchen Sie sich jemanden, der Ihnen den folgenden Text laut vorliest.

Wandlungsphasenübung

"Bitte nehmen Sie eine bequeme Körperhaltung ein, schließen Sie die Augen und folgen Sie meinen Anweisungen. (Pause von ca. 10 Sekunden). In den nächsten 5 Minuten wollen wir eine Phantasiereise machen. Sie entspricht aber nicht dem, was Sie wahrscheinlich unter dem Begriff "Phantasiereise" verstehen. Normalerweise versteht man darunter eine angenehme Trance, während der verschiedene Bilder vor unseren Augen auftauchen, denen wir uns ganz hingeben. Dieses Mal erwarte ich von Ihnen, ganz wach zu bleiben und sich die Bilder aktiv vorzustellen. Statt sich zu entspannen, bleiben Sie nur gelassen, wach und aktiv. Bitte merken Sie sich, nicht entspannt, sondern nur gelassen, wach und aktiv. (Pause von ca. 10 Sekunden).

Stellen Sie sich das Wort "Zitrone" vor und erfahren Sie, wie dieses Wort auf Sie wirkt. (Pause von ca. 10 Sekunden). Sie spüren natürlich, wie Ihnen das Wasser im Munde zusammenläuft. Sie sehen also, daß Worte ausreichen, um unsere Lebensprozesse zu beeinflussen. (Pause von ca. 10 Sekunden).

Stellen Sie sich nun das Wort "aktiv" vor und lassen Sie dieses Wort auf sich wirken. (Pause von ca. 10 Sekunden). Verbinden Sie das Wort "aktiv" mit den Wörtern "gelassen und wach" und stellen Sie sich vor, daß Sie barfuß auf der warmen, feuchten Erde stehen. Lassen Sie die Wörter "aktiv, gelassen und wach" auf sich wirken und spüren sie gleichzeitig die warme, feuchte Erde unter Ihren Fußsohlen. (Pause von ca 15 Sekunden).

Bleiben Sie bitte aktiv, gelassen und wach und stellen Sie sich vor, daß es Mai ist und Sie im Wald sind. Spüren Sie den Monat Mai. Die Natur erwacht und beginnt, sich zu entfalten, die Knospen öffnen sich und überall im Wald riecht es nach Frühling (Pause von ca. 20 Sekunden).

Nun stellen Sie sich vor, daß Sie sich an einem heißen Sandstrand befinden. Sie spüren den Sand unter ihren Füßen. Bleiben Sie bitte weiterhin aktiv, gelassen und wach. Es ist Juli, und Sie können die warme, flimmernde Luft und die Sonnenstrahlen auf Ihrer Haut spüren. (Pause von ca. 20 Sekunden).

Wir gehen jetzt noch einen Schritt weiter auf unserer Reise durch die Jahreszeiten. Es ist ein herrlicher, sonniger Tag im Oktober. Auf dem Waldweg liegen trockene Blätter und während Sie den Weg entlanggehen, hören Sie das trockene Laub unter Ihren Füßen rascheln. Lassen Sie die Farben des Herbstes auf sich wirken und spüren Sie den Monat Oktober ganz intensiv in sich. (Pause von ca. 20 Sekunden).

Der letzte Schritt auf unserer Phantasiereise führt uns in den Winter. Stellen Sie sich den knirschenden Schnee unter Ihren Füßen vor, fühlen Sie den kalten Wind und die Schneeflocken auf Ihrem Gesicht. Um Sie herum ist eine weiße, verschneite Landschaft. (Pause von ca. 20 Sekunden).

Nun beenden Sie Ihre Übung indem Sie sich vorstellen, daß Sie wieder auf der warmen, feuchten und fruchtbaren Erde stehen. (Pause von ca. 20 Sekunden).

Die Übung ist zu Ende. Bitte öffnen Sie die Augen."

Die beschriebene Atosübung basiert auf der traditionellen chinesischen Medizin. Gemäß der Theorie der fünf Wandlungsphasen fließt die Lebensenergie in folgender Reihenfolge von Element zu Element: Holz, Feuer, Erde, Metal, Wasser und dann wieder Holz, Feuer usw. Jedem Element entspricht eine Jahreszeit. Dem Element Holz entspricht der Frühling, der Sommer entspricht dem Feuer, der Spätsommer dem Element Erde, der Herbst dem Metall und der Winter wird dem Element Wasser zugeordnet. Diesen Zyklus nennt man den fördernden Zyklus der fünf Wandlungsphasen. Die Erde symbolisiert jede späte Jahreszeit. Damit gehören auch Spätherbst, Spätwinter und Spätfrühling zum Element Erde. Die Erde befindet sich im Zentrum und ernährt alle anderen Elemente. Die Lebenskraft fließt aus der Erde ins nächste Element und dann wieder zurück zur Erde.

KAPITEL 11

DER ATOSSCHLÜSSEL

EIN Atosseminar ist zu Ende. Unsere Aufmerksamkeit gilt einem Teilnehmer, der mit guter Motivation dabei war. Mit Atos-Vorbereitungsübungen und Grundübungen ist er vertraut, sie haben einen festen Platz in seinem Tagesablauf. Schließlich stellt sich der Erfolg ein. Das körperliche Befinden des Teilnehmers verbessert sich, und in seiner Lebensgestaltung zeigt er sich zielstrebiger. Um die Ergebnisse zu stabilisieren, sollte er regelmäßig weiterüben. Doch jetzt, da er sich gut fühlt, läßt seine Motivation nach. Fehlt der durch mangelnde Gesundheit oder unbefriedigende Lebensverhältnisse hervorgerufene Druck, sind nur wenige Menschen bereit, die Atosübungen ihr ganzes Leben lang täglich zu praktizieren. Andere Interessen, Zeitmangel oder auch ein gewisser Überdruß verdrängen die Atos-Aktivität.

Auf der Suche nach einem Ausweg aus diesem Dilemma habe ich mich an einem Vorgang orientiert, den Sie als Wirkung ei-

ner Zitrone auf die Speichelproduktion kennen. Wenn Sie nur
das Wort "Zitrone" laut aussprechen, läuft Ihnen schon "das
Wasser im Munde" zusammen.

Mein Gedanke war, daß so, wie das Wort "Zitrone" den Biß
in die Frucht ersetzt, eine kleine praktische Übung an die Stelle
der Grundübungen treten sollte. Sie sollte die gleiche Wirkung
wie die Grundübungen haben. Wenn die Neigung zum Ausgleich durch die Atos-Grundübungen von den Blockaden befreit
ist, können die ausgleichenden Prozesse einsetzen, so wie sich
die Speichelproduktion erhöht, wenn durch den Biß in die Zitrone bzw. durch den sauren Zitronensaft die Geschmacksner-
ven angeregt werden. Die durch die Grundübungen ausgelösten
ausgleichenden Prozesse entsprechen dabei der Speichelproduktion, die durch die Frucht ausgelöst wird. An die Stelle der
Frucht tritt in unserem Fall ein Wort. Was könnte nun bei der
Atosmethode dem Wort "Zitrone" entsprechen?

Den gesuchten Auslöser habe ich "Atosschlüssel" genannt.
Der Atosschlüssel sollte etwas sein, was für jeden, der übt, geeignet ist und was auch jeder leicht durchführen kann. Nach
einigen Monaten gab ich jedoch die Suche nach einem allge-
meingültigen Verfahren auf, weil ich einsah, daß man keinen
"Schlüssel" finden oder entwerfen kann, der die unterschiedlichen Veranlagungen aller Menschen berücksichtigt. Statt dessen wollte ich ein Verfahren entwickeln, das es jedem ermöglicht, seinen eigenen, maßgeschneiderten Atosschlüssel zu finden!

Um die Rolle der Atos-Grundübungen übernehmen zu können, d. h. um die Neigung zum Ausgleich von den Blockaden
zu befreien, sollte der Atosschlüssel folgende Kriterien erfüllen:

❏ Es sollte sich dabei um eine Aktivität oder eine Folge von
   mehreren Aktivitäten handeln, durch die beim Anwender alle drei Lernsysteme angesprochen werden.

Unter Lernsystem versteht man die Art, wie ein Mensch
denkt und lernt. Das Denken und Lernen kann über Bilder,
Worte oder über Gefühle erfolgen. Zwar bedienen sich fast alle
Menschen aller drei Möglichkeiten, aber bei jedem Menschen
ist eine Art den beiden anderen übergeordnet. Vor die Wahl
gestellt, in Bildern, Worten oder Gefühlen zu denken, entscheidet sich jeder für die Form des Lernens, die bei ihm dominiert.
Wer vorwiegend in Bildern denkt und lernt, wird als visueller
Typ bezeichnet und seine Art, bildhaft zu denken und zu lernen, als visuelles Lernsystem. Dementsprechend heißt jemand,
der in Worten denkt und lernt, auditiver Typ. Bei ihm ist das
auditive Lernsystem den anderen Lernsystemen übergeordnet.
Wer dagegen die Welt über Empfindungen erfährt, in Empfindungen denkt und lernt, ist ein kinästhetischer Typ, und die Art,
wie er lernt und denkt, heißt kinästhetisches Lernsystem.

Wenn etwas nur in Worten gelernt werden kann, so ist das
nur auf auditivem Wege möglich, unabhängig davon, zu welchem
Lerntyp der Lernende gehört. Sich ein Bild zu merken, verlangt
dagegen den Einsatz des visuellen Lernsystems, und wenn es sich
um Gefühle handelt, wird das kinästhetische Lernsystem angesprochen.

Man lernt am besten, wenn man alle drei Lernsysteme miteinander verbindet. Den Atosschlüssel sollte man also gleichzeitig sehen, hören und spüren können.

❏ Der Atosschlüssel sollte unauffällig sein. Wir befinden
   uns oft in Situationen, in denen wir keine Aufmerksam-

keit erregen wollen. Würde der Atosschlüssel eine auffällige oder auch ungewöhnliche Aktivität erforderlich machen, könnten wir ihn z. B. während einer Prüfung oder eines Bewerbungsgesprächs kaum anwenden. Aber gerade dann können wir den Atosschlüssel gut gebrauchen, weil uns in diesen Situationen die Zeit für die Grundübungen fehlt.

❑ Die kleine praktische Übung, die als Atosschlüssel dient, sollte man allein und ohne Hilfsmittel ausführen können. Benötigt man dazu einen Gegenstand oder ein Bild, macht man sich davon abhängig. Weil Menschen aber fehlbar sind, muß man immer damit rechnen, daß sie ihr Hilfsmittel irgendwann einmal zu Hause vergessen oder unterwegs verlieren und daß ihnen der Schlüssel gerade dann nicht zur Verfügung steht, wenn sie ihn dringend brauchen.

❑ Der Einsatz des Schlüssels sollte 5-10 Sekunden dauern. Weniger als fünf Sekunden reichen nicht aus, um alle drei Lernsysteme anzusprechen. Mehr als zehn Sekunden wären unpraktisch, weil man einen Zeitraum von bis zu zehn Sekunden leicht einschätzen kann, während eine Zeitspanne von mehr als zehn Sekunden mit großer Wahrscheinlichkeit falsch eingeschätzt wird.

❑ Der Atosschlüssel sollte so einfach sein, daß man die damit verbundene kleine praktische Übung jederzeit automatisch und fehlerlos wiederholen kann. Je einfacher der Atosschlüssel ist, desto leichter läßt er sich einüben und anwenden.

Wenn der Atos-Anwender alle Grundübungen sicher beherrscht, steht er vor der Aufgabe, die Anweisungen für die Wahl und Aneignung eines Atosschlüssels in die Tat umzusetzen. Das geschieht in drei Schritten:

1. Wahl des Schlüssels
2. Einüben des Schlüssels
3. Konditionieren des Schlüssels.

Wahl des Schlüssels

Für die Wahl des Schlüssels gelten die oben genannten Kriterien: Der Atosschlüssel sollte einfach und unauffällig sein, etwas was man sehen, hören und spüren kann. Man sollte ihn zu jeder Zeit anwenden können, und die Anwendung sollte nicht mehr als 5 bis 10 Sekunden beanspruchen.

Die folgenden Beispiele zeigen Atosschlüssel, die sich als besonders geeignet erwiesen haben:

❑ Das eigene Ohrläppchen berühren, zweimal blinzeln und gleichzeitig von 1 bis 5 zählen

Beim Berühren des Ohrläppchens kann man das dadurch entstehende Geräusch hören und so das auditive Lernsystem ansprechen. Der Übende spürt auch die Berührung und spricht dadurch das kinästhetische Lernsystem an. Das Blinzeln dient dazu, das visuelle Lernsystem anzusprechen, d. h. gleichzeitig etwas zu sehen. Ein Ohrläppchen läßt sich leicht und unauffällig berühren, und alles zusammen dauert nicht länger als 10 Sekunden.

❑ Einatmen, den Atem anhalten, zweimal blinzeln und gleichzeitig von 1 bis 7 zählen

Das Einatmen kann man hören und spüren, und das Blinzeln spricht zusätzlich das visuelle Lernsystem an.

❑ Mit dem Fuß im Abstand von drei Sekunden dreimal leicht auf den Boden klopfen

Das Klopfen erzeugt ein hörbares Geräusch. Man spürt es auch, und die Bewegungen des Fußes kann man sehen.

Einüben des Schlüssels

Der Atosschlüssel, für den man sich entschieden hat, soll so gründlich eingeübt werden, daß man die damit verbundene kleine praktische Übung jederzeit wiederholen kann. Dabei ist es wichtig, sie stets in genau der gleichen Form zu wiederholen. Meistens wiederholen die Übenden nicht das Gleiche, sondern etwas, was sie für das Gleiche halten. Wenn wir z. B. statt des Wortes "Zitrone" "itrone" sagen würden, hätte dies nicht die Wirkung, die Speichelproduktion anzuregen.

Man muß zehn bis zwölf Tage regelmäßig üben, bis man zuverlässig über den Atosschlüssel verfügen kann. Beim ersten der obengenannten Beispiele kommen viele Faktoren zusammen: die Berührung des Ohrläppchens, Druck, Stelle und Dauer der Berührung, das Blinzeln während der Berührung und die Zeitspanne zwischen dem zweimaligen Blinzeln.

Das Ohrläppchen kann sanfter oder kräftiger berührt werden. Es empfiehlt sich, einen immer gleichstarken Druck auszuüben. Die Berührungsstelle sollte stets dieselbe sein, und auch Art und Dauer der Berührung sollten sich nicht ändern. Ebensowenig sollte die Zeit zwischen dem ersten und dem zweiten Blinzeln verändert werden, wobei Blinzeln und Berühren der immer gleichen Stelle am Ohrläppchen gleichzeitig erfolgen. Um Sicherheit zu gewinnen, sollte der Übende den Atosschlüssel während der Einübungsphase jeden Tag mindestens fünf Minuten lang wiederholen, bis er fähig ist, den gleichen Vorgang automatisch richtig ablaufen zu lassen.

Konditionierung des Schlüssels

Als nächster Schritt folgt das Konditionieren des Atosschlüssels durch die Grundübungen. Erfolgreiches Konditionieren setzt voraus, daß die Grundübungen dem Gedächtnis eingeprägt sind und der Atosschlüssel hinreichend eingeübt ist. Das erforderliche Training kann für beide Aktivitäten parallel erfolgen.

Nach dem Atosseminar sollten die Grundübungen zunächst zwei Wochen lang regelmäßig praktiziert werden. Während dieser Zeit sind auch Wiederholungen des Atosschlüssels ohne weiteres möglich. Es darf dabei aber kein zeitlicher Zusammenhang zwischen ihnen bestehen: die Grundübungen bzw. die Übungen zum Atosschlüssel sollten zu verschiedenen Tageszeiten vorgenommen werden.

Den Atosschlüssel durch die Grundübungen zu konditionieren bedeutet, die Wirkung der Grundübungen auf den Atosschlüssel zu übertragen. Das beste Ergebnis erzielt man durch die partielle Bekräftigung. Dabei findet nach dem Reiz, der später die Reaktion auslösen soll, das eigentlich auszulösende Ereignis nicht jedes Mal, sondern in unregelmäßiger Folge, d. h. "partiell" statt.

Auf diesem Weg entsteht die sogenannte "ewige Hoffnung", eine fest verankerte innere Gewißheit, daß sich wieder ereignen wird, was schon einmal geschehen ist.

Wie schon beschrieben, beobachtete Pawlow, daß seine entsprechend dressierten Hunde nach dem Ertönen einer Glocke solange vermehrt Speichel absonderten, bis sie schließlich gefüttert wurden. Als er in weiteren Versuchen zwar immer noch die Glocke ertönen ließ, aber die Hunde anschließend nicht mehr fütterte, nahm die Speichelproduktion wieder ab, bis sie endlich trotz des Glockentons ganz aufhörte. Das ist der bereits erwähnte Vorgang der Löschung.

Pawlow experimentierte weiter und veränderte den Ablauf. Manchmal wurden die Hunde nach dem Signal gefüttert, manchmal erhielten sie dann kein Futter, d. h. das Signal wurde partiell konditioniert. Je seltener auf den Glockenton das Futter folgte, desto länger dauerte es, bis sich als Reaktion auf das Glockenzeichen der Speichelfluß der Hunde verstärkte. Wenn Pawlow dann versuchte, die auf diese langwierige Art konditionierte Reaktion wieder zu löschen, dauerte das Löschen wesentlich länger. Die Hunde hatten die "ewige Hoffnung" entwickelt, daß es nach dem Ertönen der Glocke am Ende doch noch Futter gibt.

Nach dem gleichen Prinzip lassen sich verschiedene Funktionen des autonomen Nervensystems beim Menschen konditionieren. Ebenso wie ein Glockenton bewirken kann, daß Hunde vermehrt Speichel produzieren und wie allein durch das Aussprechen des Wortes "Zitrone" einem Menschen das "Wasser im Mund" zusammenläuft, kann mit dem Atossschlüssel das Ergebnis verbunden werden, daß beim Anwender des Schlüssels die ausgleichenden Prozesse einsetzen. Als erstes ruft man den Schlüssel auf und führt anschließend als auslösendes Ereignis die Grundübungen aus.

Zu einer dauerhaften Verbindung von Atosschlüssel und seiner Wirkung gelangt man durch eine partielle Konditionierung. Eine Anleitung dazu findet sich in den Tabellen 1 und 2 im Anhang "Konditionieren des Atosschlüssels".

Wenn der Atosschlüssel konditioniert ist, kann man die Wirkungen der Atosübungen bei Bedarf leicht und schnell herbeiführen. Dadurch ist man nicht mehr von den Atosübungen abhängig. Es empfiehlt sich, die Konditionierung des Schlüssels zu wiederholen, wenn sich die Lebensumstände plötzlich verändern.

Durch den Atosschlüssel lassen sich Streß und andere Störungen in vielen Lebenssituationen leicht abbauen und die störende Wirkung vieler Faktoren verhindern. Der Atosschlüssel kann zu einem guten Freund werden und eine große Hilfe sein

Bei meiner täglichen Arbeit treffe ich oft Menschen, welche die Mühe scheuen, den Atosschlüssel zu konditionieren. Dazu möchte ich ihnen folgende Geschichte erzählen:

Der bequeme Weg

Mulla Nasrudin stand auf dem Marktplatz und wandte sich an die Menschen:

"Leute! Wollt ihr bequem und problemlos Weisheit erwerben, wollt ihr Wahrheit ohne Falschheit, wollt ihr Erfolg ohne Anstrengung, Fortkommen ohne Opfer?"

Schon bald hatte sich eine große Menge zusammengefunden, und alle riefen begeistert: "Ja, ja!"

"Hervorragend!" sagte der Mulla. "Das wollte ich nur wissen. Ihr könnt euch darauf verlassen, daß ich gleich Bescheid gebe, wenn mir so etwas begegnet!"

LITERATUR

Beck, A. *Cognitive Therapy of Depression*, New York: The Guilford Press, 1979.

Beck, A. *Cognitive Therapy and the Emotional Disorders*, New York: Penguin Books, 1979.

Beck, J. *Cognitive Therapy: Basics and Beyond*, New York: The Guilford Press, 1995.

Driscoll, M. *Psychology of learning for instruction*, Needham Heights: Allyn & Bacon, A division of Paramount Publishing, Inc., 1994

Dryden, W. and Yankura, J. *Counselling Individuals: A Rational-Emotive Handbook*, London: Whurr Publishers Ltd., 1993.

Ellis, A. *Better, Deeper, and More Enduring Brief Therapy: The Rational Emotive Behavior Therapy Approach*, New York: Brunner/Mazel, Publishers, 1996.

Ellis, A., Dryden, W. *The Practice of Rational Emotive Therapy*, New York: Springer Publishing Company, 1987.

Ellis, A. *Reason and Emotion in Psychotherapy*, New York: A Birch Lane Press Book, 1994.

Erickson, M., Rossi, E., Rossi, S. *Hypnose: Induktion – Psychotherapeutische Anwendung – Beispiele*, München: Verlag J. Pfeiffer, 3. Aufl., 1993.

Eysenck, H. *Intelligence: a new look*, New Brunswick, New Jersey: Transaction Publishers, 1998.

Festinger, L. *A theory of cognitive dissonance*, Evanston, Illinois: Row, Peterson, 1957.

Frankl, V. E. *Der Mensch auf der Suche nach dem Sinn*, Freiburg: Herder, 1972.

Hartmann, M. *Autogenes Training bei mäßig motivierten Klienten*, Praxis der Psychotherapie und Psychosomatik, 1982 (Jul) Vol. 27 (4), s. 147-150.

Hawton, K., Shalkovskis, P. and Clark, D. (Ed) *Cognitive Behaviour Therapy for Psychiatric Problems*, Oxford: Oxford University Press, 1989.

Ikemi, Y,. Ishikawa, H., Goyeche, J. R., & Saski, Y. *Positive and negative aspects of the altered states of consciousness induced by autogenic training, zen and yoga*, Psychotherapy & Psychosomatics, 1978, Vol. 30 (3-4), p. 170-178.

Jacobson, E. *Progressive Relaxation*, Chicago: University of Chicago Press, 1938.

Jacobson, E. (Ed.) *Tension in medicine*, Springfield, IL: Thomas, 1967.

James, W. *Principles of Psychology*, New York: Holt, Rinehart & Winston, 1890.

Kuhl, J. & Beckmann, J. (Ed.) *Volition and Personality: Action Versus State Orientation*, Hogrefe & Huber Publishers, 1994.

Laotse, *Tao te king*, Köln: Richard Wilhelm, 1984.

Lieberman, D. *Learning, Behavior and Cognition*, Pacific Grove, California: Brooks/Cole Publishing Company, 1993.

Maslow, A. *Motivation and Personality* (Rev. ed.), New York: Harper & Row, 1970.

Mavromatis, A. *Hypnagogia*, London: Routledge & Kegan Paul Ltd. 1987.

Piaget, J. *The equilibration of cognitive structures*, Chicago: University of Chicago Press, 1985.

Schulz, J. H. *Das Autogene Training*, Stuttgart: Thieme, 1956.

Seligman, M. *Helplesness: On depression, development, and death*, San Francisco: Freeman, 1975.

Smith, T. W. & Pope, M. K., *Cynical hostility as a health risk: Current status and future directions*, Journal of Social Behavior and Personality, 5, 77-78, 1990.

Sternberg, J. R. *Successful Intelligence*, New York: Simon & Shuster, 1996.

Tepperwein, K. *Die hohe Schule der Hypnose*, Goldmann Verlag, 1991.

Vlajkov, M. *Na sopstvenom tragu*, Novi Sad, 1990.

Vlajkov, M. *Relaxation Methods as a Means of Introduction into Hypnagogic State of Consciousness, its Extension and Control*, Workshop Programme Proposal, IX Meeting of Psychologists of Danubian Countries, Poljce near Ljubljana, 1989.

Vlajkov, M. *Atosmethode: Ausgleich oder Entspannung*, 20. Kongress für Angewandte Psychologie, 8.–10. Oktober 1999, in Krampen, G. u. a. (Hrsg.), "Beiträge zur Angewandten Psychologie", Bonn: Deutscher Psychologen Verlag GmbH, 1999.

Vlajkov, M. *Autosuggestionless autogenic training – theoretical approach*, "Collected papers of IX Meeting of Psychologists of Danubian Countries", Poljce near Ljubljana, 1989.

Walsh, R., *The Consciousness Disciplines and the Behavioral Sciences: Question of Comparison and Assesment*, American Journal of Psychiatry, 137:6, June 1980, p. 663-671.

Watson, J. *Psychology as the behaviorist views it*, Psychological Review, 20, 158-177, 1913.

Watts, A. *The Way of Zen*, New York: Vintage Books, 1989.

Weiner, B. *Human Motivation*, New York: Springer-Verlag, 1985.

Wiener, N. *Cybernetics: or Control and Communication in the Animal and the Machine*, 1948.

Wilber, K., Engler, J. & Brown, D. *Transformations of Consciousness*, Boston: New Science Library, 1986

Wolfe, J. *What to do when he has a headache*, New York: Penguin Books, 1992.

Wolpe, J. *The Practice of Behavior Therapy*, New York: Pergamon, 1982.

Zimbardo, P. *Psychology and life*, New York: HarperCollins Publishers Inc., 1992.

INDEX